我想為你推薦一本書

沒錯，這就是我最喜歡做的事

花田菜菜子 著
陳怡君 譯

齊聲好評・共感推薦

＊菜菜子透過網路交友的奇遇，描繪了時代中人發散出的寂寞之感，也在宛如大富翁「機會・命運」一翻兩瞪眼的網友見面會中，寫下了荒謬動人的眾生相，讓書本成為得以照亮迷惘人間的一點星光。一本適合輕鬆閱讀，也能關照己身的美好作品。

——作家、出版人　**陳夏民**

＊今年二月初去日本參加講座時，有幸與菜菜子小姐同台而有一面之緣，聽說她的書在日本熱銷，但她本人是個毫無暢銷作家氣焰，非常溫柔，穿著碎花洋裝，無時無刻掛著笑容的女性。這本書裡娓娓道來的細膩語氣，就像她本人在說話，閱讀她的文章，彷彿跟著她親身經歷冒險。

對於自己的脆弱和猶豫毫不避諱，帶著開朗的眼光迎接陌生人，在萍水相逢的緣分中，用書籍串起了故事，為別人打開不同的眼界，也治癒了自己。菜菜子真正發揮了既細膩又剛強的閱讀的力量。

——《小日子》雜誌發行人　**劉冠吟**

＊這本書是送給喜歡書的每一個人，想在書中與美好、與自己相遇，藉著閱讀，發現自己並沒有那麼孤單。

書裡那些一期一會的談話讓你見識到人生百態，作者針對不同對象推薦的書，就像是在讀者心裡播下的種子，讓你在遭遇各種狀況時，似乎也能按圖索驥找到她給你的推薦。於是讀完這一本，你還能得到很多本（我一面看一面擔心的是，不知道這些書有沒有中文版），非常適合在茫茫書海中不知所措的讀者作為上手入門。作者就像是家醫科的醫師，在望聞問切後，把你轉診給專科，對症下藥。只是她開的藥，是書。

已有許多閱讀經驗的朋友，在看這本書時，或許也會像我一樣，好想認識作者，想看看若是像我這樣的人，她會推薦什麼書呢？（啊，我也想給她把一下脈啊！）

你對生命投注的熱情，它也定當會以同等的熱情回應你，甚至是在你茫然若失時拉你一把。我是深深這麼相信著的！

——作家、主持人 **曾寶儀**

＊這麼說或許有點往自己臉上貼金，但在閱讀這本書的過程中，經常發現自己的想法與作者重合。不僅是對書店工作的喜愛、推薦書給陌生人的樂趣讓我感同身受，就連對於人生和未來的徬徨，甚至是交友網站的使用方式，都深得我心呢（笑）。

在這本介於真實與虛構之間的「私小說」裡，菜菜子坦率地寫下脆弱和挫折，彷彿讓我看見了電影《綠光》中的Daphne，儘管跌跌撞撞，最終仍能找到屬於自己的幸福。我想推薦給就讀醫學系、渴望環遊世界的前野先生——《探險家們的寫生簿：70位探險家的冒險生平與探索世界的偉大熱情》，希望他在踏上旅途之後，能在這個看似已經毫無未知土地的地球上，以探險家的眼睛發現全新的世界。

——書業工作者、Openbook閱讀誌專欄作家 **沈如瑩**

*究竟是多麼癡狂的愛書人，才會連在交友網站上認識人，都想要以書會友呢？與陌生人相遇，推薦一本屬於對方的書，藉著文字的力量鼓舞了每一個軟弱的靈魂，讓他們再次擁有面對、挑戰這現實世界的勇氣。讓人不禁羨慕起熱愛書籍的日本人，大概也只有在這樣的環境裡，才有誕生出這種故事的可能性吧。書本與生活的距離，可以成為日常的一部分，其實並不遙遠。

——旅日作家 **張維中**

*一名書店店員，把書當成名片，在交友網站上跟陌生人交換一則秘密，在別人的青春中，撿拾聆聽自己的勇氣，陪伴彼此走上人生的旅途。

一本書從作者、編輯、印刷廠到最後抵達書店，書店員有時候就像是婚友中心，安排每一本書與最好的讀者相遇。為了不辜負這份期待，小至擺放的位置大到活動的呈現，書店都會細細琢磨。那麼，什麼樣的書是一本好書？只要它在正好的時間，遇見了最好的你，那就是最好的書。

——青鳥書店店長 **王蔚慈**

＊這本書彷彿是紙上版的《深夜食堂》，又帶有一點《徵婚啟事》新鮮的社會實驗性質。一開始我隨著閱讀的情境，跟著作者經歷一次次如同冒險的約會，希望她能走出婚姻觸礁的茫然。但看到一半之後，我竟翻轉心態，幻想自己能成為和菜菜子見面的對象，好奇她會推薦給我什麼樣的書？我期待透過閱讀，探索在別人眼中的自己。

——故事工廠藝術總監 **黃致凱**

＊為陌生人選書是何等浪漫的事，在紙本書逐漸式微的今日，透過面對面的交談和理解，為對方推薦一本適合的書，需要許多對人心的細微觀察和廣泛的知識涉獵。作者以幽默的筆調，直白陳述與陌生網友互動的過程，好多段落令人不禁莞爾，並且深有同感。對出版編輯、書店同業和愛書人來說，紙本閱讀是我們和其他世界聯繫的

管道，有體察他人的心，才能真正選出貼近需求的好書，這種難能可貴的交流經驗，若不是透過一位資深店長娓娓道來，我們真的不知道在選書實力的背後，還有這麼多的歷練與故事。

作為一位現役選書師，我也一直努力想方設法，讓更多人投入閱讀紙本書的行列，我們守護的不只是書本，也是在突顯閱讀的必要及其價值。好想認識這位親切可愛的店長，相信你讀過她的文字，會對於選書有另一番新的認識。網友的一期一會只是偶然的緣分，書本所串連的世界卻是無遠弗屆，希望更多人因為這本書，感受到閱讀的美好與不可取代的知識力量。

——荒野夢二書店主人　**銀色快手**

＊為了劇本田調，我下載了幾個朋友推薦的「優質」交友軟體。我很誠實地填完個資，放上五官清楚、衣著整齊的照片，開啟我的網路交友旅程。不到兩天，我因為一封信息就把所有APP都刪了。那則信息是：「咦？你不是那個『你的孩子不是你的孩子』的導演嗎？」我不大清楚自己為何如此彆扭，我大可大方承認。或許我和作者菜菜子加入X網站時有著一樣的疑慮，為何大家會來到這裡？又是帶著什麼樣的想望？他們在現實世界中的人際關係有什麼不能被滿足？也常感到孤單寂寞不被理解嗎？

又或者，我還不夠誠實、赤裸裸地面對自己的脆弱和欲望？如果有三十分鐘，讓我們坐下來，聊一本書、一部電影、一段旅行，說不定是個有趣的開始。

——導演 **陳慧翎**

＊你相信嗎？有本書正在等著你。這世界正有一本書想對現在的你說話。

現在的你，忙碌於生活中的繁瑣雜事，日復一日，但有一本書要請你出去走走，找回屬於自己的夢想。

現在的你，被人際關係困擾著，為了滿足許多人的標準而疲於奔命，但有一本書要請你勇敢做自己，找到真正喜歡你的人。

現在的你，每天好累好累，為了事業打拚熬夜加班應酬，追求生活的富足和無虞的退休，但有一本書要提醒你，真正的財富是健康。

你相信嗎？無論你遇到什麼樣的難題，是憂愁或是開心，只要你願意停下來，這世界永遠都有一本書，正等著現在的你。

——「閱讀人」主編 **鄭俊德**

（依來稿順序排列）

CONTENTS

序章

那個深夜，一無所有的我

「我沒辦法假裝什麼事都沒發生，繼續跟你住在這裡。」

一個星期前，我對先生這樣說，然後搬離了兩人居住的大樓。

其實我沒有任何打算，既無落腳之處，也不知道今後何去何從，更不是想以暫時離開來轉換心情……

二〇一三年一月的某個夜晚。

我一個人在橫濱郊區的家庭餐廳裡，百無聊賴地等待著半夜兩點鐘的來臨。這時的我，連書都懶得翻開來看。自從隨手將幾件換洗衣物和生活用品塞進行李箱，拖到公司暫放，展開離家生活之後，已經過了一個星期。

今天，我打算投宿附近的超級錢湯[1]。但在這裡過夜，有個麻煩的地方是：如果待到六小時以上，就必須額外支付延時費用。因此，住宿費要想壓低到三千日圓以下，只能半夜兩點之後再check in。選擇住宿地點時，我會從「能好好睡個飽、可以洗衣服、盡量少花錢」這三個需求來考量，看看當下最優先的是哪一個，再決定當天要投宿青年旅舍、公共澡堂或膠囊旅館。

只是，一到傍晚就得開始傷腦筋：「差不多該去找今晚睡覺的地方了……」我已經不想再過這樣的生活了。每天得花掉好幾千日圓的住宿費，也是蠻大的心理負擔。這種日子，究竟要持續到什麼時候啊？

「我沒辦法假裝什麼事都沒發生，繼續跟你住在這裡。明天起，我不會再回來了。」

一個星期前，我對先生這樣說，然後搬離了兩人一起居住的大樓。其實我當下並沒有任何打算，既無落腳之處，也不知道今後何去何從，更不是想要以暫時離開來轉換心情。

我小口啜飲著冷掉的咖啡，腦袋有一搭沒一搭地轉著。繼續過這種慘不忍睹的生活，也不可能心情變好，然後就回家去啊。那個家，我應該是回不去了。還是去找房子吧。一個人過日子，讓生活重新步入常軌。

周遭的人大概都認為我是個婚姻失敗的可憐蟲吧？我也討厭這樣，但如果連我自己都把這個「可憐蟲」的框框套在身上，一直自我洗腦，不就等於親手把自己一步步推進了谷底？我可不想一輩子都活在自怨自艾之中。

話雖如此，可是……一直以來，假日我都是跟先生一起過，真要自立，我甚至連空閒時要做些什麼都不知道呀。

1 附有三溫暖、用餐及休息區等設備的公共澡堂。

我曾經是一家販售書籍與雜貨的連鎖商店「Village Vanguard」[2]的店長，不論工作還是嗜好，都和書與書店脫不了關係，自然也沒有放假日可以一起廝混、遊玩的朋友。

好狹隘的人生。我真是徹頭徹尾一無所有啊。

狹隘的人生……

我想要更進一步探索我所不知道的世界。

拓展自己的視野，從此脫胎換骨，宛如重生。

居無定所只會耗損我的心力，並不是長久之計。我決定立刻去找先生談談，把現在住的房子退掉，兩人各自去尋找新的安身之地。先生早我一步先搬走了，我則是租下一間就在公司附近、距離橫濱車站十分鐘步程的郊區小公寓。

結婚時買的超級大冰箱，被我硬塞進單人房的狹窄廚房裡。

窗外的陌生風景，並沒有讓我萎靡的心起死回生。大馬路上來往的車輛川流不息，我盯著這幅窗景發呆，喃喃地告訴自己：很快就能轉負為零的。

認識「X」這個奇妙的交友網站，應該是我搬家之後沒多久的事吧。當時我正翻閱著某位年輕創業家的新書，其中一頁吸引了我的注意。該頁的內容是在一一介紹新時代的網路服務，有一項則是「在三十分鐘內與陌生人見面、聊天」。

啊，這個說不定……我直覺地這樣想著，當場放下書本，拿出手機。

登錄網站必須透過臉書認證，也就是說，我必須先有臉書帳號。我對社群網站興趣缺缺，從來沒有使用過，所以我得從加入臉書開始。

登錄帳號，設定個人資料，認證，然後再登錄帳號，設定個人資料……

經過重重關卡，我終於能夠瀏覽「X」這個網站了。網頁上貼滿了形形色色的人物臉部特寫照，同時附上「請和我聊天吧，工作、興趣等任何話題都行」、「想創業或已經創業的你，來交流一下情報吧」之類的簡單留言，以及哪一天、哪個時

2 在日本全國有多家分店，販售書籍、CD、個性雜貨和遊戲、動漫等次文化商品，頗受年輕族群和觀光客喜愛。

間在澀谷、新宿見面的邀約。

這是個什麼樣的世界啊？我從來沒見過。

這裡看起來確實是個交友網站，但或許是並未限定以戀愛交往為目的，不會讓人覺得背後有什麼陰暗面，反而有點潮。這跟我印象中的「交友網站」完全不一樣啊。學生，大叔，貌似粉領族的妙齡女子，上班族，騎著高檔自行車在城市中穿梭的人……各式各樣的人們，都在這個網頁裡真實存在著。

所以，想跟這當中的任何人見面，都是可行的吧？那就太棒了。但是要跟誰見面呢？這又是個難題了。說自己「什麼話題都能談」，卻沒留下自我介紹突顯個人特色，果然少了誘因，很難讓人想要一探究竟。如果提出「想談談關於感情的事！」或者「正在做大腦的研究！」等具體、令人好奇的記憶點，應該比較能引發對方想見面的動機。

這樣的話，我的個人資料該寫些什麼才好呢？

「我的嗜好是看書」、「我們來聊聊書吧！」這樣的訊息應該沒什麼問題，可是似乎沒什麼記憶點，感覺有寫就跟沒寫一樣啊。

對了。或許我可以在這裡試試看那個……？

這個念頭在我腦中一閃，旋即又打消了。我想，應該沒有人會願意配合陌生人這樣做吧。這個想法太有勇無謀了，我也不曾實際執行過。

……可是，就算失敗了，也不會怎樣啊。想做卻做不成，才真叫人洩氣呢。而且，做了總比什麼都不做好吧？

想來想去，我決定修改一下個人資料欄，重新登錄。

「我是一家奇特書店的店長。請讓我從藏有上萬冊書籍的記憶書庫中，為當下的您推薦一本最適合的書吧。」

這樣寫真的好嗎？不過……

在這個謎樣的交友網站裡，我擁有了一副從未使用、也不太熟悉的武器。

而我的旅程，就這樣展開了。

第1章

東京，一座光怪陸離的瘋狂城市

見面當下，心靈上的交流以及愉快的談話，

的確讓我有種脫胎換骨、踏出嶄新一步的感受；

我也非常認真地挑選適合的書，希望對方對我的推薦感興趣。

沒想到對方只是單方面認為，或許有機會……

「啊，是菜菜子小姐嗎？」

一位個子挺高的男士走進咖啡館向我打招呼，年紀大約是四十歲出頭，感覺比我想像中更加穩重而安靜。

「你好，我是土屋。你已經點了飲料啦？這裡我常來，他們家的起司蛋糕很好吃喔，我請客。我超推薦這個蛋糕。」

他一邊說著，氣定神閒地在我對面坐了下來。

這就是我最具紀念價值的第一號見面對象——土屋先生。

在X登錄個人資料後，我稍微瀏覽了站內的網頁，了解一下整個網站的運作方式。想和某人見面的步驟似乎是這樣的——

首先，要設定時間與大致的場所，例如「○月○日　晚上五點　澀谷附近」，再隨性加上一句「一起開心聊天吧！」，然後在網站內的「TALK」項目中「刊登」

這則訊息。登入網站的人，都能在類似布告欄的地方看到這則公開訊息，有興趣的話，就以「申請」的方式報名。如果申請者不止一人，就由刊登者自行從中挑選最想見面的對象，都不想見也可以全數拒絕，並取消這則訊息。萬一沒有人申請，訊息屆時也會自動取消。換句話說，想要和人見面，可以主動刊登訊息等人報名，也可以向刊登訊息的貼文者提出申請。

只有登錄個人資料是不夠的。我瀏覽了網站，發現X和臉書或推特不同，光是看看的話，會覺得這裡不怎麼有趣，頂多就是為人氣排行前幾名的網友按「讚」，或是在自己感興趣的事物一一加上hashtag主題標記，例如「#讀書」、「#旅行」，然後尋找那些和自己有共通標記的同好。

我看了一下募集見面對象的一覽表，當中有不少人在各個時段都設定了「可見面」，卻因為沒人提出申請，最後以媒合失敗收場。我心想，刊登約見訊息卻沒人來申請，不是很糗嗎？要是引來一些奇奇怪怪的人，又該如何是好？各種考量在心中糾結，讓我遲遲無法決定該怎麼寫才好。

此時，臉書跳出了有新訊息的提示聲。是一則陌生人的私訊。

「您好～(^^)／我是土屋！目前從事廣告業。我在X看到您的資料，所以發了訊息！您是新手對吧？歡迎加入並請多多指教！我自己也不是很懂這個網站啦，不過，使用上如果有任何問題，都可以問我喔☆」

有個親切的人出現，感覺安心不少，但同時又有些懷疑：怎麼會有陌生人突然發訊息給我？

「謝謝您特地來信，不過您怎麼會知道如何聯絡我呢？」

「您是說臉書的私訊對吧？(^^;)您知道每個人的個人資料底下都有臉書和推特的圖標嗎？只要按一下，就能看到對方的帳號囉～擔心來申請見面的人可能有點古怪，就可以藉此先了解一下。對方的帳號裡如果有公司名稱，或是個人的身家背景資料，就可以放心一點了，同時也能順便看看貼文者是什麼樣的人。

「此外，剛登錄的新人以及正在線上的人，都會被標記為『特別推薦』的對象喔，就在底下那邊。這樣您了解了嗎？」

特地發訊息來說這些，似乎有點多事了。不過，看來這個人還挺熱心的。

「噢，原來如此呀……好多事情我都不懂，您真是幫了大忙。」

「您還沒刊登『TALK』訊息嗎？要不要先去那邊觀望一下？」

「我也知道要刊登才算是跨出第一步……但是我又想很多，萬一沒有人申請怎麼辦？」

「那麼，就讓我當您的第一號，跟我見面吧？只要日期和時間能配合，我馬上就申請。如果您覺得OK，就去練習一下如何刊登吧！凡事都挑戰看看嘛～♪」

雖然有種強迫中獎的感覺，但是一直瀏覽網頁也無濟於事啊。對方看來不像壞人，我就試試也無妨。

「好喔，我來試試看。非常感謝您，我現在就去刊登。」

我就這樣決定了，和土屋先生碰面。

土屋先生建議的地點，是位在奧澀谷，一家專賣咖啡的時尚咖啡館。在他抵達之前，我如坐針氈，心想自己是哪兒來的勇氣，「待會兒竟然要跟陌生人聊天！」

我坐在店裡不時左顧右盼，緊張得拚命把裙子上的皺褶拉平。等見到土屋先生、打了招呼，我才慢慢冷靜下來：「緊張什麼嘛⋯⋯一點兒也不可怕呀。」或許也是土屋先生刻意營造的輕鬆氛圍，讓我舒緩了一些。

點妥飲料和他剛才推薦的蛋糕之後，原本那股「對於未知的緊張感」也幾乎煙消雲散。

「土屋先生⋯⋯你加入X很久了嗎？為什麼會想要加入呢？加入後又覺得如何呢？」

「嗯，一來是總比一個人孤零零喝茶好，可以轉換一下心情；而且跟年輕人聊天，多接收一點刺激，有時也能為工作帶來新的創意，總之還挺有趣的。菜菜子小姐呢？」

「我目前跟先生分居中，加入X一方面是想探索看看，說不定能發現新世界。再來也能把書推薦給別人，就當成是個人的修行。」

「分居！是喔，看來家家有本難念的經啊。不過，我看菜菜子小姐剛才聊天時還滿活躍的⋯⋯是個有趣的人呢。可以說說為什麼分居嗎？不方便說也沒關係。」

「這個嘛……」

由於我和先生在同一家公司工作，兩人共同的朋友不少，所以幾乎不曾跟任何人説過我們分居的理由。因為我覺得，站在自己的立場自説自話，最後一定會搞得自己像是受害者，這樣對另一伴有失公平。夫妻雙方都有問題才會分居，我不想怪罪或怨恨另一半，只想暫時迴避問題，與先生保持距離，於是做了這樣的決定。其實我內心也有點過意不去。

不過，眼前這個人和我們夫妻毫無瓜葛，他不是我先生的朋友，我説的話不會變成謠言到處流傳，也無需擔心他會多事地告訴我先生「你太太是這樣説的呢」等等。以帶點玩笑的口吻和只會見這一次面的人談一談，心裡倒挺輕鬆的。

土屋先生聽得津津有味，偶爾附和幾句「是喔」、「這樣啊」，還不忘為我加油打氣：「在這裡可以認識很多人喔！反正菜菜子小姐已經分居，再交個新男友也無所謂吧？畢竟身體還是會覺得寂寞嘛。」

……咦？我心裡突然冒出問號。聊著聊著，對方似乎有意無意地帶入一點與性相關的話題。我於是稍微轉了一下方向：

「身體倒是沒特別覺得寂寞啦。至於新男友，以後再說吧。」

「寂寞這種東西嘛……一提到性欲，好像就會變得很有壓力！其實，女人有性欲也沒什麼可恥的呀。」

話題莫名其妙朝著我因為欲求不滿而煩惱的方向發展了。土屋先生繼續加強火力：「我是說真的。我個人絕對是贊成男女平等，也很尊重女性。但是，不靠男人全憑自己努力的女性，我是覺得有點歇斯底里了。女人就是要擁有男人滿滿的愛，才會閃閃動人喔。」

土屋先生高談闊論他的八股思想，我也只有苦笑兩聲回應。

「別誤會，我不是說男人就要一個換過一個，也不是說菜菜子小姐很糟糕哦！我只是想表達，菜菜子小姐一定能找到好男人。」

「謝謝。是啊，如果能找到像瀧正則[1]這種優質對象，那就太好了。」我敷衍地附和了一下，並嘗試要岔開話題，結果……

「什麼？瀧正則！你偏愛這種類型？口味滿特別的呢！我這個人啊，也許跟瀧正則一樣無趣，但我可以隨時陪你吃個飯，聽你發發牢騷，抱怨對先生的不滿，吐吐苦水心情也會好些。至於要不要上床，我都ＯＫ，一切隨菜菜子小姐高興囉！」

結果，對方的話題依舊繞著性打轉。雖然有點不耐煩，但也多虧他，我才有辦法踏出第一步，心裡還是充滿了感謝。

「謝謝你的好意。今後，我想在Ｘ網站上多認識一些人！就像今天和土屋先生見面一樣，往後可以和各式各樣的人見面，真是令人期待呀。」

（所以，我沒有打算再跟你見面。）我在心裡默默追加了這一句。

「嗯，是這樣沒錯啦。不過，網站裡也有不少奇怪的人哦。」

奇怪的人就是你吧！我很想爆出這句話，於是以半開玩笑的口吻說：

「對呀，譬如像土屋先生這樣的怪人，對吧？」

「咦，等等～你這樣說有點傷感情呢～我們要相親相愛喔。」對方也順勢開了個玩笑。

「呃……太麻煩了，我看就算了。」

1 日本演、歌雙棲的資深性格男星。

「幹嘛這樣～！」

在事先設定的限時三十分鐘遊戲規則下，彼此像密友般隨意、無負擔地交談，感覺好新鮮。反正日後不可能再見，完全不會有心理壓力。

也許是我的斷然拒絕奏效了吧？接著土屋先生就分享了一些廣告業界的秘辛、自己平常的工作狀況，以及最近負責的廣告片等等。

聊天時間即將結束時，我趕緊問他關於書的事：平常都看哪些書？有什麼想看的書嗎？

「我覺得小說應該不錯吧？最近實在太少看書了。」

由此聽來，我想他不是那種熱愛閱讀的人，更不會追著新書跑。

話題老是繞著性打轉，還糾纏著要再見面，對於這種中年大叔特有的死纏爛打工夫，我真的很想翻白眼。不過談起工作時，又能感受到他感性、纖細的一面。此外，不論從個性或職業來看，土屋先生似乎偏愛現代感的事物更勝於古典派。

我想推薦給他的是，最近我自己讀過之後「驚為天人」的小說家樋口毅宏。

初次閱讀樋口的作品時，我深感書中的嶄新詞彙與世界觀竟是如此與眾不同，內心也隨之澎湃。土屋先生從事的是廣告業，或許他也具有自己尚未發掘的潛能，所以我想推薦樋口毅宏的書給他。《再見雜司谷》這本也不錯，但因為土屋先生對性似乎頗感興趣，書名有「性」的《日本之性》[2]，或許更能激起他閱讀的動力。這一本最近剛推出文庫版，也算得上是新書吧。

小說的內容是描寫夫妻踏入換妻派對世界的故事。起初的情節就像是一般情色小說，來到中途轉變為暴力小說，再發展成法庭劇，最後以純愛小說收尾。情節轉折無稽荒唐卻趣味性十足，讀完後有種彷彿搭了一趟雲霄飛車的快感。希望土屋先生會喜歡。

我要推薦的第一本書就這樣決定了。幾天後，附上幾句道謝的話，我發了臉書私訊給土屋先生。

2 本書中提及的所有書籍，其原文書名、作者名和中文譯本等資訊，請參考二五〇頁「推薦書目」。

和陌生人見面聊天，似乎沒有想像中可怕。這一陣子，我總是因為分居及工作的事而愁眉苦臉，沒想到和土屋先生這個與我的生活毫不相干的人見面聊天後，那個開朗、愉快，未曾陷入當前困境的自己，竟久違地再度出現了，連我自己都有點訝異。

食髓知味的我，隔天馬上試著登錄約見訊息。當天我休假，又剛好來到東京都內，入夜後我抱著姑且一試的心情，在網站貼了這則訊息：「現在開始一小時後的快閃見面，不知道會不會有人來申請？」

過了十分鐘，沒有人來申請。看來並非每個人都會三不五時來這裡瀏覽一下，也或許是這個時間大家剛好都沒空吧？當我正打算放棄時，有一則申請的訊息跳進來了。是廣司先生。

「我看見您刊登的訊息了！我想與您見面！但我還在上班，差不多要收尾了，晚上八點的話應該來得及！跟您約八點半左右可以嗎？」

回覆訊息前，我先去確認了廣司先生的個人資料。他與網友見面的次數還滿多的，與他見過面的網友，也都留下了「個性爽朗又風趣的人」、「超級健談，以致於見面時間大幅延長（笑）」、「積極樂觀又充滿活力！」之類的留言。

嗯，好像是個不錯的對象。

「**沒問題，我就在喫茶店裡看書，您慢慢來沒關係。**」

我就這樣決定了第二號見面對象——廣司先生。

我在一間昭和時代風格的喫茶店（老式咖啡館）裡看書，一邊等人。店裡頭靜悄悄的，當我正擔心在這裡聊天會不會太吵鬧時，收到了一封新訊息。

「**真是抱歉，工作實在沒完沒了啊！我離開公司了，大概九點十分會到。**」

老實說我有點不耐煩了。這不是比我當初約見的時間晚了一小時以上嗎？不但占掉我與其他人見面的機會，還讓我在這裡空等，只為了配合對方……我在心裡嘀咕著。但如果真的不想等了，到時就跟對方說：「這次見面就取消吧～」這樣不就好了？反正我也不急著回家，於是便安撫自己：既來之則安之吧。

這家喫茶店只營業到九點，所以得換個地方見面了。這附近沒有開得比較晚的喫茶店，而且我也餓了，便發了訊息給廣司先生，說我在附近的酒吧「S」等他，同時附上了店家的網址連結。我可不想繼續傻傻地等，於是先自己小酌一番，順便吃個飯。

「是菜菜子小姐嗎？抱歉抱歉抱歉!!真的非常抱歉啊!!」

現身的這位年約三十的男子，長得眉清目秀，嗓門卻很大，有著運動員般的熱情亢奮。只見他連珠砲似地不斷道歉，卻絲毫不招人反感，我忍不住笑了出來。

「沒關係。我正在吃披薩呢。」

「呼——看到你的笑容，我真是如釋重負啊！這張笑臉太療癒了！只是一個微笑就讓我得到救贖了！披薩不錯哦，我剛好也餓了！這是什麼口味的披薩啊？你還吃得下嗎？今天就盡情地吃、盡情地喝吧！我請客，讓我好好向你賠罪！」

只見他一屁股坐上我身旁的吧台座位，熱絡地朝店員喊著：「老兄，啤酒！給我最大size的！整桶的那種！什麼，只提供杯裝的？也行！我都可以！」

乾杯之後，他終於冷靜下來，可以好好說話了。

「菜菜子小姐是才剛加入X吧？今天能和你見面，真是我的榮幸啊！」

「哪裡哪裡。嗯，廣司先生和人見面的次數，好像滿多的喔？」

「好像是耶——那個……」

他害羞地抓了抓頭。

「廣司先生為什麼會想加入X呢？」

「我在一家創投公司上班，負責兒童教育相關的業務。以後我想要自己創業，除了存資金，也要鍛鍊一下腦力、激發自己的創意啊！因為一直都從事教育相關的工作，要創業的話，應該也是做這方面的事業吧。目前的社會幾乎都只有男性的聲音，很少有機會聽到女性的意見或創意，在X不但能找到人聆聽我的想法，還可以請對方給我建議呢！」

廣司先生就像正在接受面試的好學生，一鼓作氣說完自己的志向與動機。

「原來如此。看來大家的使用方法都不太一樣呢……」

「菜菜子小姐呢？為什麼會加入X？」

我於是又把昨天那些話再搬出來說了一遍。廣司先生睜大了眼睛，有時點點頭，有時挑一下眉，有時露出笑臉，專心地聽我說。

「你太棒了！看來是個全新的挑戰喔！沒想到我也成了你這段人生中的短暫插曲，內心真是充滿感謝呀！今天能跟勇敢向前走的菜菜子小姐見面，也是一種緣分呢。菜菜子小姐的決定就像一劑強心針，讓我更有勇氣拚下去。我也會全力為你吶喊加油的!!」一說完，他竟然還要求跟我握手。廣司先生的這番話和用字遣詞，簡直快要熱度破表了。

「呃……謝謝你……」

感覺有點被強迫中獎，但我還是伸出手來與對方握手。

「啊！你一定覺得煩死了！內心炙熱悶燒到快要窒息了！對吧？我懂，因為這三十年來，我也一直處於這樣的狀態。日子久了，也就習慣啦！」

「不不，我只是還沒適應！不好意思喔，等習慣之後，心就會慢慢冷了。」

「冷了？看看你又在否定了！沒錯，就是會這樣，我懂我懂！但我要告訴你，語言是有靈力的，說多了小心弄假成真！我們要常懷感恩的心，知道嗎？要多說正面的話！看看我，樂觀積極，就像一隻不斷向前奔跑的猛獸！你知道武井壯[3]嗎？

什麼！不知道？你不知道這個人？拜託～是說，菜菜子小姐，你是個美人呀！不是美人？不是不是不是大美人？」

「蛤？什麼？」

我快被逼瘋了，但我想廣司先生應該不是壞人。我跟他完全不在同一個頻道，奇妙的是，聊著聊著，我的精神似乎也變得越來越好。結果在這股莫名的力量支撐下，我手中的酒一杯接著一杯，就這樣和他聊了兩個小時。

詢問廣司先生關於書的事情時，他的回答依然很跳 tone：「我想多認識菜菜子（後來乾脆連「小姐」兩字也省略了），你就是我現在最想看的一本書，請介紹我可以更了解你的書吧。我一定會買來讀的！」

原來也是會遇見這種網友啊……回家之後，我開始思考該推薦什麼書才好。

目前我覺得最適合的書……好，就推薦表演家大宮エリー（Omiya Ellie）[4]的《「想

3 日本田徑選手，一九九七年日本田徑選手權大會十項全能冠軍，現為知名藝人。
4 本書中的日本人名若只有假名而無漢字，一律以原文表示並加註羅馬拼音讀法；有漢字或中文通用譯名者，則以漢字或中文呈現並加註原文。

要讓你知道」個展全貌》吧。這本書是由エリー小姐個展中的照片與節錄文章組合而成，如果不是粉絲，一般讀者可能會覺得不太好讀。不過，前陣子離家在外流浪那段時間，我一直讀著這本書，它就像一只護身符，每次翻閱都令我感動落淚。

「縱使不容易，還是要試試——努力與人建立連結。」エリー小姐的話語直探人心，這是對我來說很重要的一本書，透過這次的機緣，如果也能打動廣司先生，那就太棒了。同樣地，我也寫了關於這本書的推薦文，以臉書私訊給對方。

廣司先生立刻就回信了。

「菜菜子，謝謝你推薦的書！之前那個晚上真是瘋狂刺激啊！我不太會表達，但我覺得我們可以說是情投意合。兩股相似的能量一同燃起熊熊火焰，絕對能產生兩倍、甚至是三倍的熱力！不知道菜菜子對於那一晚，是否也有著相同的感覺？

「雖然我已婚，雖然大家都說人與人的相遇要看緣分，但我覺得這一切都無關緊要。我希望下次與菜菜子見面時，能夠不受時間的束縛，共處到天明。讓我們更進一步地了解彼此吧。

「如果菜菜子不想跨出這一步，我也尊重你的選擇，只能遺憾你無法鼓起勇氣。若是如此，就請你別回信給我了！　像個男子漢昂首闊步」

也就是說，我被迫只有兩條路可走：突然來個全新發展（應該可以解釋成男女關係吧），或是再也不聯絡。

真是令人傻眼的結局。緊接著，第一個見面對象土屋先生也回信了，內容同樣讓人臉上三條線。

「《日本之性》是小說呀，感覺很引人入勝呢。謝謝你推薦這本書給我。

「小說的主題是換妻派對，難道菜菜子小姐也有這方面的興趣？看了這本書，菜菜子小姐對於性是否有所改觀了？女性畢竟是被動的一方，身為男人，我很想知道女人是否會因為別人的注目而欲火焚身？

「下次我們見面的時候，希望可以和你開心地討論這本書。目黑有一家很好吃的燒肉店，下星期一起去方便嗎？」

原來呀，原來……是這樣嗎？唔，原來如此。

以我這種長相，加上三十三歲、已婚（但目前分居中／沒小孩）……這樣的貨色也是有人要的呢……透過這兩封私訊，我明白自己在這個業界（？）還是有市場的。這就像去做健康檢查，結果每個項目都是「無異常」，感覺既安心又踏實啊。

至於和這兩個對象見面時，那種心跳略微加快的感覺，似乎也漸漸消失了。見面當下，心靈上的交流和愉快的談話，的確讓我有種脫胎換骨、踏出嶄新一步的感受；我也非常認真地挑選最適合的書，希望對方對我的推薦感興趣。沒想到對方只是單方面認為，或許有機會和女性發生性關係，如此而已。

一股揮之不去的無力感，在我內心一點一點蔓延、滲開。

不過，我想還是再試一下吧。

第三個見面的網友是原田先生。之前兩次都是約在晚上，我猜問題可能出在這裡，因此這次特地選在假日的白天時段見面。訊息刊登之後有好幾位網友來申請，我選了當中看起來最老實的一位。這種可供使用者自行挑選的機制，能夠避開一些來歷不明的人物，讓人多了一點安心感。

我抵達見面地點星巴克時，身材纖瘦、穿著高領上衣的原田先生已經坐在店裡等著，桌上除了咖啡，還有一副撲克牌。

這位網友看來文質彬彬、成熟穩重，與之前來勢洶洶的那兩位截然不同。

才剛剛結束寒喧，原田先生立刻切入正題：

「今天我想請你看看魔術表演。」

「噢，好哇。」

的確，原田先生的個人資料是寫著「會表演魔術。其他嗜好還有攝影和寫詩，每天都會更新部落格」。

這突如其來的請求讓我有點驚訝，但想想不過就是表演魔術，聽來挺有趣的。而且說要表演魔術的原田先生，比剛才寒喧時顯得更愉快、更有活力。

原田先生就像是廚具的現場展售人員，一個接著一個表演各種魔術。當既定的「三十分鐘」過了一半，也就是十五分鐘後，他說：

「已經這個時間了嗎……」他於是將撲克牌收齊放入盒內，再取出一只黑色文件夾。

「另外，我也會攝影和寫詩。方便的話，我想請你看看，然後說說你的感想或意見。」

「喔，好哇，我很樂意……」

我小心翼翼翻著文件夾，其中有張照片是一片盛開的波斯菊花海，背景有著閃閃發亮的摩天輪，感覺好浪漫，上面還有以明朝體打印的詩句。詩就像是原田先生的另一個世界，完全不同於他給我的第一印象或魔術表演。

Memory

究竟為什麼要分手呢？
失去你之後，我反覆思索
仰望天空，你的笑臉就映在那兒
我卻再也擠不出你在藍天之上展露的那種笑容啊
四季更迭已經一個輪迴
你好嗎？

照片拍攝的對象大多是夜景、花、天空、夕陽、水窪上的落葉、咖啡杯、四葉草之類。詩詞則大多與愛情有關，或是「傾盆大雨總有停歇的時候，高掛天空的彩虹分外美麗」等羅曼蒂克的描寫。一時之間，我實在想不出要說些什麼。

「這些照片……都是用數位相機拍的嗎？很漂亮耶……」現在是問這種問題的時候嗎！但為了避免冷場，也只好想到什麼說什麼了。為什麼想寫詩呢？都是在什麼樣的狀況下寫詩？寫的都是你的自身經驗嗎？……我一邊翻閱文件夾，一邊丟出這些沒啥創意的問題，原田先生則是有問必答，兩人就這樣有一搭沒一搭地聊天。

「你最喜歡哪一張？」

「呃…我嘛……我最喜歡一開始有摩天輪的那張，太漂亮了～」

「哦，滿多人這樣說呢。」

「另外還有……這個，以及這個。」聽到我這樣說，對方似乎顯得滿開心，我也鬆了一口氣。眼看三十分鐘就要結束了，我趕緊詢問對方：

「對了，我還沒請教原田先生，是這樣的，我會推薦一本書給你，請問你有什麼特別想看的書嗎？」

「嗯——其實我很少看書耶。寫詩是我無師自通，想到什麼就寫什麼，如此而已。如果你有推薦的詩集，不論是哪種類型，我都很想看看。」

既然如此，我就把腦海裡想到的書當場介紹給對方。

「不曉得你知不知道一位名叫茨木のり子（Ibaragi Noriko）的女詩人？」

「我沒聽說過耶。」

「她的詩集都很優秀，但如果你只想買一本，我覺得《女人的話語》很不錯，你可以考慮看看。

「提到日本的詩人，大家最耳熟能詳的就是谷川俊太郎了，但我覺得茨木のり子的詩句充滿張力、撼人心靈，或許能作為原田先生寫詩時的參考。她的作品純真中帶著灑脫，用字簡潔卻充滿熱情、十分感人，我個人非常喜歡。」

「這樣嗎？聽起來滿吸引人的，我一定會拜讀這本作品。」

最後，我們淡淡地相互道別。比起之前那兩位頗具脅迫感的交流方式，今天這種清清如水的見面經驗還挺新鮮的。我一直認為，這個見面遊戲的主旨，是讓雙方透過聊天、對話相互了解，但今天的三十分鐘，幾乎都是對方單向地展露自己想表現的一面……也是有這種交流方式呢。

自由啊……

感覺自己又開啟了新的一扇門。

第四位見面的對象是大橋先生，年紀大約二十五歲。他彷彿像是剛出社會的新鮮人，穿著一身還不是很適應的西裝，搭配一只鮮豔的藍色背包，感覺挺不協調。

星期五晚上，澀谷的羅多倫咖啡館人聲鼎沸，大橋先生站在店門口等我，看見我時自然地微笑，點頭打招呼。

「店裡人滿多的。要不要另外找個安靜一點的咖啡館？」我問。

「沒關係，我想很快就會有空位吧。」走進店裡，他點好自己的飲料後說要先去找空位，然後就快步上樓。我趕緊點了一杯冰茶，跟著追了上去。

好不容易找到兩個空位，彼此相互寒暄，稍微喘口氣後，他說：

「我正在學讀心術，你要不要試試看？」接著他從錢包內取出一枚十元的日圓硬幣，放在我手上。

「請你隨意將硬幣揑在某一隻手裡，不要讓我知道。藏好之後把兩手往前伸出來。我可以猜出硬幣藏在哪一隻手。」

咦？讀心術已經很普遍了嗎？這不是電視節目裡的那個讀心師 DaiGo 的專用詞嗎？但我沒有多嘴，只是將十元硬幣揑在某一隻手的手心，然後按照對方說的，把兩個拳頭擺在桌上。

「我可不是憑第六感猜的喔……而是藉由詢問對方『是這隻手吧？』，從此時對方表情的細微變化來判斷的……啊，在我說打開之前，請不要把手張開。無論我是否說中了，都不要先洩漏答案喔。唔——是右邊嗎……？」

大橋先生喃喃自語的同時，還耐人尋味地盯著我的臉瞧。我裝出手中什麼都沒有的表情，心中卻冒出雜念：看他那麼有自信，萬一沒猜中惱羞成怒，我也不好受，所以還是希望他能猜中……

「我知道了。是左手對吧？請打開。」

他都這樣說了，我只好有點抱歉地鬆開空蕩蕩的左拳。

「咦……？」

現場氣氛變得超尷尬。我覺得他有點可憐，趕緊打圓場：

「其實我有卯足勁想要誤導你猜左手哦！看來是我贏了～呼，超緊張的，差點就被看穿了！大橋先生真是好眼力呀～」

「哎呀，是喔！原來是我上當了。菜菜子小姐的演技真好！話說之前DaiGo碰上國寶級影后吉永小百合的時候，同樣也沒猜中呢～」

接著他又告訴我平常都看哪些電視節目練習。原本自信滿滿結果卻出糗，大橋先生並沒有因此擺臭臉或惱羞成怒，看來他應該是個好人。

「我學讀心術不是想搞怪，而是希望作為人際溝通的橋樑，促進人與人之間的交流。」

聽大橋先生這樣說，所以我推薦了《受歡迎的技巧》給他。書中介紹了許多在談話中逗對方發笑的技巧和訣竅，刻意模仿商業書的寫法亦充滿了揶揄氣味。內容讀來令人哈哈大笑，但也有些啟發人心的溝通真理，像是「想要受歡迎，在交談中找出能逗笑對方的點，並適時將其融入對話，培養這種能力也很重要」。

「喔，聽起來不錯呢，應該可以學到不少東西。」大橋先生似乎頗為滿意。

我其實不是特別感興趣想要了解，純粹就是找話題聊，於是便問了：

「大橋先生是從事心理諮商相關的工作嗎？」

對方有點支支吾吾——嗯，我現在的狀況有點難形容，接著便開始自說自話：

「其實，最近博報堂[5]想來挖角我，真是傷腦筋啊~只是，我現在的年收入也已經有五千萬日圓……哎呀，不小心說溜嘴了。」

連我沒問的事，大橋先生也非常貼心地全跟我說了。

「什麼！年收入五千萬？太厲害了！這麼會賺錢了還是會來羅多倫，而且還各付各的，太值得學習了！」

這種話……我說不出口啊。

畢竟……如果是年收入一千萬，我多少還會覺得「真的假的！」而半信半疑。

但是五千萬，這也太誇張了吧！蹦出這般天方夜譚似的數字，該不會是故意要搞笑吧……？我苦思半天，卻想不出個所以然，停頓好一會兒才說了句「哇喔—」，然後喝了幾口冰茶。

「……啊，時間差不多了，我們該走了。」

「真的耶，走吧。」

我們兩個人將托盤與玻璃杯送到回收台後，離開了羅多倫。

想一想，這網站裡怎麼淨是些牛鬼蛇神啊？三句話離不開性的傢伙；已婚卻對我說這無關緊要的傢伙；所有時間都拿來表演魔術、要我欣賞詩詞的傢伙；大言不慚地謊稱自己年收入高達五千萬的傢伙……真是亂七八糟。簡直亂七八糟過了頭。不過，當我和五千萬先生一起朝著澀谷車站走去時，路上的洶湧人潮，似乎散發著比平日更加耀眼的光芒。

我一直認為，這裡不過是個由無機質打造、待起來不太舒適的地區，沒想到稍

5 日本第二大廣告公司。

微推開門一看，竟是一座如此光怪陸離的瘋狂城市。這裡好自由啊，可以想做什麼就做什麼耶。好哇，那我也來自由一下呀，老娘我高興介紹哪一本，就介紹哪一本書呀！不爽的情緒在我胸口翻騰著。等待澀谷十字路口的紅綠燈時，五千萬先生有些欲言又止地開口了：

「……菜菜子小姐，你不覺得自己的個人資料寫得滿詭異嗎？最好是不要那樣寫啦。我這個人好奇心比較強，所以今天才想來確認一下，你是什麼樣的人。結果我發現你很正派、和善，還滿讓人放心的啊。不過，我想大部分的人還是會認為你怪怪的吧。個人資料真的要好好寫啦，才能遇到優質一點的網友喔。」

蛤？

……這真是個大盲點。一直以來，我滿腦子只想著這個網站裡的人都好詭異，卻沒想過自己也可能被當成怪咖看待。

當初寫自我介紹時，為了突顯自己、避免被人海淹沒，我刻意將自己形塑成大眾比較喜愛的角色，職業欄甚至填上了「性感的書店員」。糟糕的是，與大橋先生見面的那篇募集貼文裡，我竟然還出了個令人想入非非的問題：「H越多越硬的，是什麼東西？知道答案的人，來見個面吧！」（答案其實是鉛筆……）[6]。然後……然後，我的個人照用的是一張頭上頂著「鍾之子」[7]布偶，面無表情、透著詭異氣息的自拍照。

鍾之子是漫畫「哆啦A夢」中從未來世界帶回來的一種生物，以此角色設計的商品之一，就是這個布偶造型的抽取式面紙盒套。我平常在家時，就會把這個面紙盒套當成帽子，戴在頭上。也不知道怎麼回事，某一天我突然覺得：「咦？這樣看起來滿可愛的耶！」就順手拍了這張自拍照。

我的心情真是五味雜陳。我哪有資格取笑這個自以為是DaiGo、還猜錯十元硬幣藏在哪隻手而出糗的傢伙？我自己才是怎麼看都不對勁的怪咖啊。

我憑什麼發脾氣？還氣得七竅生煙咧。我自己才是最詭異的那個人好嗎！而且竟然是被這種人提醒，真是雙重打擊啊。

---

6 日文中的「変態」發音為Hentai，首字母H（エッチ）因而被引申成帶有「色情」、「做愛」之意。
7 日本傳說中一種長得像蛇，但身體較短的幻想生物。

好想死喔。

「真的……你説的沒錯……我現在才恍然大悟啊。好，我馬上改！」

「這樣才對啦！」

謝謝你啦！五千萬先生。今晚我就真心相信你的年收入有五千萬。

路口的交通號誌變成綠燈了。我們向彼此揮揮手，告別這座瘋狂城市。

大橋先生一針見血指出我個人資料的弊病後，再經由後來見面的井田先生一番調教，我的個人資料和刊登訊息的頁面，整體格調都大幅提升了。

井田先生是保險員，體格跟棒球選手松井一樣，結實而健壯。他的性情開朗，説話語氣卻很溫和。或許因為是獨立接案的自由工作者，井田先生的用字遣詞維持著上班族該有的禮貌，卻又相當健談，可以放心地跟他聊天。

「您不再當性感的書店員了嗎？這一句好像從您的個人資料中刪除了。」

「求求您把這件事情忘了吧……」

雖說一切都是我自作自受，但親耳聽見那幾個字，還是很想死啊。

「不會啦，我在X網站認識的網友們都說，來了一個有趣的人呢。菜菜子小姐是為見面的X網友推薦書，對吧？」

「是的。其實呢，我只是很單純地希望多吸引一些人來按『讚』，讓我的排名上升，想說這樣寫比較特別，可以給人留下深刻的印象。不過，上一次見面的網友提醒我：『這樣寫的話，人家會以為你是個怪咖，很難認識到正經的網友喔！』後來我就刪掉了。」

「喔～原來如此。是誰提醒你的？大橋先生嗎？唔……那個人竟然也有好心的一面啊。」

聽他這麼說，我心想：喔，原來這個人也跟大橋先生見過面。「竟然」兩字觸動了我的神經，我下意識地想到大橋先生的負面問題：「是指年收入的事嗎？難道當時他也跟你說自己年收入有五千萬？」我很想開口問，但後來還是作罷。

井田先生露出穩重的笑容，繼續說道：

「上萬冊的記憶書庫，這個厲害哦。」

「啊，但我不是所有的書都看過啦。我當店長的時候，碰上書店要改裝，所以有機會看到一年內進貨的所有書單，足足有一萬三千本呢。這些書全是我自己下的訂單，我大概記得這些書的封面長相和大致的內容，於是就這樣寫了。」

「這樣啊，推薦書這個概念真的很不錯。比起標新立異的個人資料，真誠地表達出自己想做的事，更能贏得大家的好感，菜菜子小姐也更容易篩選出和自己頻率相近的對象呢。之前見面的網友，你都有推薦書給他們嗎？」

「有哇。有時候是當面就推薦了，如果我需要一點時間想想，就過幾天再發私訊告訴對方。」

井田先生輕撫下巴，若有所思地點點頭，低聲「嗯、嗯」之後又說了：

「這樣的話，你不妨先告知見面的網友，結束後你會把推薦的書寫在對方個人資料底下的留言欄。如此一來，那些瀏覽過菜菜子小姐的個人資料，心想「她會怎麼推薦書呢？」的網友們，就能看到你是如何推薦書，這也算是不錯的宣傳方式。就算沒見過菜菜子小姐的個人資料，網友們在其他人的個人資料看到你的留言後，也有可能因此產生興趣喔。」

「是喔……我還真沒想過這麼多。」

「除了個人資料外，刊登募集訊息時，你也可以加個附註，讓來看訊息的人立刻知道：『原來還會順便推薦書呀。』或許有網友就會對菜菜子小姐產生興趣，進一步按下『繼續閱讀』，甚至『很想請你推薦書』呢。」

「哇啊……你說的很有道理耶。」

「要不要現在就登入？」

井田先生馬上拿起自己的筆電，打開X的網頁，將筆電遞給我輸入帳號。

登入之後，我把筆電遞回給井田先生，他熟練地開始操作：

「這邊要這樣寫……然後把這裡刪除……」

只見他俐落地進行修改，我的個人資料頁面也變得煥然一新，連我自己看了都「好想拜託這個人推薦書給我喔！」。唯一沒變的就是那張頭上戴著槌之子布偶的詭異大頭照……待會兒一定要換張新的照片。

「好……好厲害……真是太感謝了。」

「不必客氣啦，我只是希望你能以最好的形象繼續在X活動，希望你喜歡X，並且樂在其中。」井田先生說話的語氣，儼然就像是這個網站的經營者。

「井田先生，你為什麼要幫我這麼多？是因為你喜歡X嗎？」

「喔，你覺得很奇怪嗎？其實我算是X網站的創始會員，很早就加入了。我覺得這是個很優質的網站，也在這裡認識許多好朋友，所以我想好好守護X。

「在這裡可以結識許多朋友，但相對地，多少也會混進來一些從事傳銷，或者想要傳教的人。所以我們有幾個人組成了『X戰警』，發現可疑的人就會故意約出來見面，假裝對他們說的內容感興趣，等他們暴露出真正的目的，再請他們退出。」

（X網站明文禁止傳銷或傳教行為，一旦發現違規事實，帳號就會被停權。）

「所以，即使我是接案的保險業務員，除非對方自己要求，我絕不會向X網友推銷保險商品。」

此外，井田先生也向我介紹了一些人，建議我找適當的時機跟他們見見面。

我一直以為，X網站的遊戲規則就是在茫茫人海中找到某個網友見面，純粹是一對一的關係。事實上，X網站的所有成員就像是同住一村的生命共同體，參加者都能在這裡找到氣味相投的夥伴，逐漸鞏固關係、加深彼此之間的信賴感。X網站背後竟然隱藏著這樣的意義，實在太有意思了，我也因此對它有了不一樣的看法。有人願意如此小心地呵護這個共同體，一定是個非常棒的樂園啊。

「網站剛開始營運時，來參加的人都是有稜有角、很有個性，感覺很有趣吧？最近有不少一般人也來加入，整個網站也變得……怎麼說呢，變得比較平淡、溫和了。所以像菜菜子小姐這樣的人物出現，我真的很高興，也非常期待喔！」

這段話就像是高三學長正在怨嘆「今年的一年級新生真無趣」，而我是獲得學長認證的「有前途的二年級生」吧。當初腦中迸出「來推薦書吧！」的構想時，我自己也認為「這點子很可以喔！」，但是最初見面的網友們都沒什麼反應，「果然不是每個人都愛看書，似乎是行不通了……」我的自信也跟著慢慢枯萎。因此，第一次有人為我的點子喝采，我真的超開心，也願意再努力看看，希望有機會遇到更多這種志同道合的網友。

接下來的閒聊時間，井田先生說了不少關於京都的事。我很喜歡京都，二十多歲時因為工作單位調動，我曾在那裡住了一年半左右，當時因為「只會在京都住一小段時間」，拿著旅遊指南就四處遊走探訪。壯碩的井田先生最近也迷上了京都，每逢週末就往那裡跑，有時甚至是當天來回。比起神社寺廟，我們都更著迷於京都這座城市本身及其文化的魅力。

「那麼，井田先生知道《Meets》這本雜誌嗎？」

「噢，當然！我超愛！這是介紹關西城市的雜誌，有許多在地的深度報導。」

「對呀，他們推出的京都指南跟其他的京都導遊書大異其趣，超酷的。以前的版本更厲害，雜誌的創刊人是江弘毅先生，有一本介紹他如何打造《Meets》的書也非常好看，主要是說明他如何運用有別於一般城市情報誌和導覽書的方法論，透過紙張傳遞最在地訊息的整個過程。我覺得井田先生的氣魄跟江先生非常相似，很推薦你看看這本書喔。」

「哇，這番話太令人開心了！是什麼書啊？感覺很有趣喔，我一定會看的。」

「書名是《邁向 Meets 之路——「在地雜誌」的時代》。」

對於身為《Meets》創刊初期粉絲的我來說，江先生的書可以說是一大珍寶，只是一直沒有機會推薦給合適的對象。今天能夠介紹這本書給井田先生，我真的好高興。在我們愉快的交談過程中，我的腦海裡自然而然浮現出了「我一定要把這本書推薦給這個人！」的念頭。能夠以如此美好的方式推薦書，內心的喜悅滿足更是難以言喻。

沒錯，這就是我最喜歡做的事。

第2章

Village Vanguard，孕育我成長的這份愛

Village Vanguard 讓我學會樂在工作，了解到賣書是多麼快樂的事。

認真地面對書，用心思考要以什麼詞彙表達它的魅力，

即使是相貌平凡的書，也能發掘其中的誘人之處，

化成精彩的文字和陳列呈現出來。

我在 Village Vanguard 書店時共事的主管吉田先生，也是促使我試著去接觸、甚至參與自己不太熟悉的交友網站的契機之一。就在我離家出走前沒多久，我突然有個想法，於是在書店的員工休息室，向吉田先生做了三十本書的口頭報告。

我進入 Village Vanguard 工作，至少已經有十年了。不過，在進公司五年前，也就是我剛上大學時，就已經知道這間書店了。

當時朋友說「發現了一家滿有趣的店」，於是帶我去瞧瞧，這家店就是位在下北澤的 Village Vanguard。廣大的賣場裡，塞滿了琳瑯滿目的書籍、漫畫、CD、雜貨，連天花板也吊掛著各種商品，走道既窄又暗，簡直就像叢林裡的鬼屋。販賣的雜貨也多半是稀奇古怪或超現實的商品——緊貼在窗戶上的遮陽布，印著骷髏、大麻等迷幻色彩的圖案，其間還穿插塞著雷鬼樂鼻祖巴布・馬利（Bob Marley）和電影《猜火車》的海報。此外，賣場、牆壁、地板等到處都貼著以黑色麥克筆書寫在黃紙上、字體歪歪斜斜的手寫POP文宣；針對各項商品所寫的說明，絲毫不見推銷的意味，而是逗趣又搞笑。待在如此張牙舞爪的空間裡，情緒也跟著變high了。

我和父母的關係不是很好，也一直無法融入校園生活，除了屈指可數的幾個朋友，我的心靈支柱就只剩下書和次文化了。自從國中時接觸了岡崎京子[1]的漫畫和澀谷系音樂後，我就完全投入次文化的懷抱，而在這家書店裡，「我喜歡的東西竟然通通都有！」實在太令人感動了。

我最愛的岡崎京子漫畫附近，同時擺放著魚喃キリコ（Nanana Kiriko）、南Q太、やまだないと（Yamada Naito）等其他漫畫家的作品。少男漫畫的部分，除了我很想要的松本大洋，也有井上三太與大友克洋的漫畫。小說區裡不僅有我喜愛的作家，放眼望去，都是一些我沒讀過或感覺很有趣的作品。對我來說，書通常是指小說或文庫本，建築或藝術類的書我幾乎沒看過，但是在這家書店，所有種類的書籍都被一視同仁地陳列在架上。

1 日本女性漫畫家，作品常引用電影、小說、音樂和現代思想著作，擅長描繪社會寫實與個人情感。

這些書，我全都好想看喔！

從此我就像中毒似地，三不五時往這裡鑽。畢業後，我如願以償搬到經常遊逛的下北澤居住，一想到往後可以天天去 Village Vanguard 報到，真是做夢也會笑啊。雖然還沒找到正職，不過我已經有個陪酒的兼差工作，養活自己不成問題，於是我決定「三十歲之前就盡量玩吧」，做個如夢似幻、悠哉度日的下北澤青年。

某天，我一如往常到書店去，發現店門口張貼著徵人啟事：

「NEW OPEN！六本木之丘店招募員工」

「對耶，與其整日遊手好閒，不如去Village Vanguard工作！」

我跑去應徵，結果獲得錄取，順利進入公司。

能夠跟店長及年紀相近的員工們每天膩在一塊，真是開心哪。長久以來，不論是學校或團體生活，我都適應得很辛苦，沒想到竟會因為每天要去打工而高興不已。當時員工還能自由地染金髮、刺青，甚至戴鼻環，整個公司散發著「沒用的人，就任由他頹廢下去吧」的氣氛，算是相當開通。因為怪咖實在太多了，「有個性」

這種形容詞在公司裡根本是稀鬆平常，但這樣的環境對我來說卻是如魚得水啊。

剛進公司時，我還是繼續抱著玩樂的心情，頂多就是跟打工的夥伴打打收銀結帳，非常輕鬆愉快。後來，我慢慢有了想要「好好工作」的欲望。書店才剛開幕，同期的同事很多，我也因此有了競爭心。由於任何一個店員都可以寫ＰＯＰ，貼上自己手寫ＰＯＰ的商品如果賣得好，自然會特別高興，一旦有了動力，下次就會更用心地寫。我可以當場決定所有的事情，即使才剛進公司三個月，也會被委以商品下單的重任，同時有許多機會接觸、體驗宣傳行銷的樂趣。

至於之前因為好玩而接觸的陪酒工作，我開始覺得無趣了。酒店也算是次文化色彩濃厚的地方，整家店充斥著歌德式風格，經常有ＳＭ癖或女裝癖的客人上門。我不擅長應付人多的大場面，也不懂得如何炒熱氣氛；反倒是單獨一個人光顧、看起來有點陰沉晦澀的客人，我可以毫無壓力地跟他天南地北聊個不停。

這種必須自行思考能為客人提供什麼服務的工作，讓我生平第一次感受到所謂的「工作價值」。被指名的次數與常客人數，全都是無形的努力化成的有形成果。這就像是自我存在的價值獲得了認可，令我感到欣喜。

最後，到了必須二選一的時刻，我選擇了Village Vanguard。當時還不曾有過女性店長，我便以此作為自己努力的新目標。

成為店長後，能按照自己的意思經營書店，業績也蒸蒸日上，心情真是愉快。不過，我對書籍的喜好似乎慢慢大過了雜貨。剛進公司時，「我愛次文化」、「我喜歡這種氛圍」的熱情還很強烈，工作一陣子之後，慢慢地，「這本書的旁邊可以擺這個」、「如果把這本書刻意放在這個種類的書架上」、「將這張POP貼在這本書旁邊，一定能吸引客人留步看一下」……我發現做這些事也好有趣。「我超想賣這本書，只要讓客人知道它的內容，絕對會大賣！」將這樣的書集中起來，以我自己的方式銷售，又是另一種樂趣。

除了我自己偏愛的文藝作品，乍看無甚特別的風景寫真集或食譜等實用書，也能套用相同的銷售手法。認真地面對書，用心思考要以什麼詞彙來表達它的特色與魅力，即使是相貌平凡的書，也能發掘其中的誘人之處，化成文字呈現出來。

在公司內部，也有人開始對我銷售書籍的手法和POP的書寫方式表達肯定，所以我有一度還蠻紅的。我也曾向公司表示，自己的最終目標是希望能負責下北澤店的書籍銷售，或是規劃新的經營型態、擔任新書店的選書工作等等。

只是，當市場的趨勢逐漸演變成朝郊區的大型購物商場展店，公司的營運策略也隨之轉向，銷售的重點變成雜貨，而不再是書籍了。雜貨的銷售方式簡單、獲利也比較高，雖說以往的雜貨大多沒什麼功能，說穿了就是些無用或無聊的東西，但如今若是不引進流行的動漫造型商品，店裡的銷售數字就會變得很難看。

有不少公司員工都擔心會因此拉低了文化水平，對於 Village Vanguard 的改變，我也感到危機重重。有的人直接規勸老闆：「現在這種縮減書籍賣場的做法，將會損及公司的形象」；有的人則找出版社合作，和志同道合的員工們一起舉辦書展等活動。大家都拚了命尋找各種出路及可能性，可惜這些努力還是無法扭轉公司既定的決策，許多保守派的老員工，還有我自己，在公司裡可以說已無立足之地。那些曾經發光發熱的前輩們，不知不覺間已紛紛離職了。

無論如何，Village Vanguard 讓我學會樂在工作，了解到賣書是多麼快樂的一件事，這個事實永遠不會改變。我對 Village Vanguard 的愛，永不止息。而且，我的大半人生都奉獻給了它，如今也無法回頭，重新來過了。

進入 Village Vanguard 沒多久，我就認識了吉田先生。十年前剛進公司時，我們都在同一家店工作，他是店長，我是兼差員工。

第一次跟吉田先生聊到書，是在六本木之丘店的員工休息室。當時正是休息時間，吉田先生突然問我：

「你知道這個人嗎？挺有意思的。」

説著説著，他還特地從包包裡拿出來給我看，原來是當時剛出版的穗村弘散文集《差不多該回家了》。我根本不認識這位作者，但既然吉田先生這樣説，想必是很特別的書。我於是試著讀讀看，結果大為驚喜，從沒見過這麼有趣的書，立刻就著迷了。我跟吉田先生説自己迷上了這本書，他非常高興，從此以後，我們兩個人就經常私底下談書、聊書。

結果，六本木之丘店才開了一年，公司就決定收掉。原本的正職員工以及有意願繼續留在公司的兼差員工，後來被分派到全國各處。即使各分東西，我和吉田先生還是不時會彼此聯絡。

「小花，你看過女詩人蜂飼耳的作品嗎？」

「吉田先生，繪本作家吉竹伸介的新書出版了！」

「我第一次看劇作家前田司郎的作品，很不錯耶！」

「這個跟戲劇有點關係，喜劇作家ワクサカソウヘイ（Wakusaka Souhei）寫的那本《國中生有咖啡牛奶就超嗨》，真是太爆笑了！」

我們會像這樣突然發個短短幾字的訊息，互相推薦書。漸漸地，我們成為了朋友，不再只是上司與下屬的關係。

吉田先生不說話時還滿帥的，工作時則沉穩冷靜、思路清晰，總是條理分明，深獲大家的信賴。在工作上，我非常尊敬吉田先生，不過他有時候就是愛逞強。

譬如說，在沒有階梯的平坦地面不小心踉蹌時，一般人不是害羞地笑笑，就是會露出有點糗的模樣，但吉田先生卻能若無其事般，面無表情繼續往前走。

「咦？你剛剛是絆了一下嗎？」

知道跟在一旁的我正在挖苦他，吉田先生卻還是不動聲色地強辯：

「沒有啊，哪有！」

還有一次，在某個大型聚會中，吉田先生酷酷地喝著酒，一旁則有其他員工正在起鬨，逗得滿場開懷大笑。只見場面熱鬧滾滾，當眾人的焦點都鎖定在那個風雲人物身上時，吉田先生卻以小得幾乎聽不見的聲音，開始模仿他說話，他說什麼，吉田先生就跟著重複相同的台詞。

大家對吉田先生的既定印象，都是冷靜沉穩、工作能力很強，壓根兒不知道他也有如此古怪的時候。只有我得以窺見他與穗村弘不相上下、幽默風趣的一面。

從店長與兼差員工的關係，到後來的相知相惜，我們已經認識十年了，現在吉田先生是關東地區的經理，會定期來我的店裡視察。也許是看出我對工作已經心灰意冷吧，某天吉田先生來視察，知道店裡的業績很好，又看到店門口擺滿了熱銷的動漫造型商品，他望著賣場苦笑說：「你很忍耐，也很努力啊～」臨去之前，吉田先生說了：「我下次來的時候，也準備一些好書吧。」

這個工作實在是越來越無趣了。對於公司不再把賣書當成一回事，我明明非常不滿，但在自己的店裡，我卻還是整天為了雜貨忙得團團轉，根本無暇打理書架，任由它變成已經無書可推的荒漠。所以，吉田先生是拐著彎責備我這件事，希望能夠點醒我吧？

此外，原本我會被踢到更偏僻的地區，結果也是吉田先生出面，把我調到他能照看到的橫濱。工作上的諸多失誤，都是吉田先生一路幫我打點、收拾。

竟然要人家照顧到這種地步，我真是太可恥了。

我一定要認真做好百分之兩百的準備，下次吉田先生來，絕對要讓他笑著說：「準備得這麼周全呀，很好很好！」……

話雖如此，書籍賣場乏善可陳，要在一個月裡讓它起死回生，實在有困難。這該怎麼辦呢？

對了！雖然跟店裡沒關係，但我可以準備一箱推薦給吉田先生的書呀。靜下心來想想，自己這陣子幾乎都沒碰書啊。我趕緊收心，將這十年的相處往來做個總整理：吉田先生讀過的書，喜歡的作家，他的性格、言論和至今說過的話……我把所有能想到的全都筆記下來，作為選書的參考。

最近有本剛看完的書，我覺得吉田先生一定會喜歡，那就是小說家平野啓一郎的《我是什麼》，吉田先生常會聊到這一類強調自我意識題材的書。對耶，這麼說來，吉田先生說不定已經看過插畫家本秀康的《Wild Mountain》？我是斷斷續續地看，最近才終於整本讀完，這真是很值得看到最後一頁的書啊！我很想推薦給他。或許，吉田先生也還沒看過木下晉也的漫畫《安打生活》？這本絕對是他的菜。至於小說家長嶋有的書，吉田先生應該大多看過了吧。另外一本的路線比較不同，我記得吉田先生前陣子來巡店時，我們曾經聊過購物商場的未來性，不知道他有沒有看過《都市、消費、迪士尼之夢》？我是覺得這本書挺有意思的……

一開始想書單，腦中就湧出了許許多多的靈感，但是挑了十本左右就停滯下來了。只有十本的話，衝擊性還是不太夠啊。再怎麼說，也得加到二十本吧？我於是跑到市中心的書店，想多找幾本值得推薦的書。

「吉田先生很○○，想必會喜歡這本書。」「吉田先生之前說過○○○○，所以我想推薦這本書。」……所有的書似乎都能添上這些好理由，介紹給吉田先生。為了決戰日當天準備的大紙箱，裡面的書一本一本增加。當吉田先生通知我「明天會去巡店」時，紙箱內已經累積了三十本書。我逐一確認這些書，一邊思考著如何讓口頭報告更加流暢，反覆把書從箱子裡拿出來又放回去，重新調整報告的順序。

休息室裡堆滿了有瑕疵的庫存雜貨，場地顯得相當狹窄。

我面向吉田先生坐著，拿起最上面的第一本書，開始介紹：「首先我想推薦給吉田先生的書是這一本！」明明是抱著遊戲的心情，卻不知怎地突然緊張起來，我想是自己認真了吧？

無論賣書或賣雜貨，我都算是駕輕就熟了，沒想到直接在人前推銷書，竟讓我流了滿身汗。過程中，吉田先生偶爾會「嗯嗯」、「這樣嗎」地附和，介紹完畢後把書遞給他，吉田先生則會分別放在左邊或右邊。

「呃……請問分別放在兩邊的意思是？」

「先別管這個，待會兒再說。你繼續吧。」

對方的眼神與些微的肢體動作，都讓我格外在意。

吉田先生有興趣嗎？還是覺得很無聊，根本沒在聽？

我不停觀察他的表情，卻看不出個所以然。三十本書真的有點多，為了避免吉田先生不耐煩，在說書的過程中，我會穿插介紹一些比較輕鬆的作品，或是令人噴飯的搞笑主題書，同時留意吉田先生的反應和參與的興致。「這本……原本是想介紹，但不提似乎也無所謂……算了，這本跳過。」有時也會像這樣臨場異動，最後終於把所有書介紹完畢。我因為講了太多話，加上緊張過度，整個人都虛脫了。

吉田先生把分別放在左右兩邊的書重新排列組合，然後從中取出了七本書遞給我說：「我要買這幾本。」

或許是礙於身為長官的情面，也或許是他真的很喜歡，才買下了這些書。總之，我以喜極而泣的心情，接下了這七本書。

我從未如此認真地為了某個人推薦書。書這種東西，說實在的，不必考慮對方是誰，也不需要任何理由，光是簡單一句「反正看了就知道它多有趣！」已經是最厲害的推薦台詞了。而且不論是報章雜誌的說明介紹、甚或是書店的陳列銷售，也從未限定是專為哪些讀者而做的推薦啊。

但是，我覺得不應該是如此……

不了解對方，根本無法為他推薦書；不了解書的內容，根本無法推薦給他人。況且面對讀者時，若是沒有說服對方來看這本書的好理由，又要怎麼推薦呢？

這是我第一次這麼做，也不太明白湧現的這股感覺是什麼。徹底分析吉田先生之後，再思考可以推薦給他的書，這整個過程實在太有趣了。不知道吉田先生得到了什麼？是否也覺得開心呢？

興奮的餘韻在我腦中迴盪著，久久未散。我好想知道，這種愉快的感覺究竟是怎麼回事。

為了該如何使用X這個初次接觸的網站而苦惱時，不知怎地，我想起了這段往事。我渴望能再一次，像這樣為他人推薦書。我也明白，要為不認識的人推薦書，這項挑戰的難度會更高，然而此刻的狂熱，成了驅使我勇敢面對陌生人的動力。

第3章

以書會友的奇妙冒險，重啟了我的人生

這些都是我最近看過，覺得有趣且受益良多的作品，

我興致勃勃地深信，這些書對高島先生一定也很有幫助。

不過，高島先生的回覆只有一行字——「這些書，我都知道啊。」

彷彿被澆了一大桶冷水，我先前那股雀躍的心情瞬間退散……

我的這趟旅行，啟程時搖搖墜墜、驚險萬分，現在雙腳總算多少能夠碰著地面了。而且，我就像是被初次瞧見的美景所吸引的孩子，完全入迷了。雖然還稱不上游刃有餘，不過，回想當天見面的網友，竭盡心思為對方挑選最適合的一本書，然後發私訊推薦給對方，這樣的過程依然讓我樂在其中。

當然，這是在為高島先生推薦書之前。

高島先生感覺很像當時流行的「遊牧工作者」[1]（現在大概沒人使用這個名詞了吧？），他旅行於日本各地，是那種會帶著Mac筆電到星巴克工作的ＩＴ資訊業人士。我從沒遇過這樣的人，因此問了許多問題，我們話匣子大開，相談甚歡。而遊牧工作者高橋先生的興趣，果然也與「今後的工作模式」、「新時代的新生活方式」等息息相關。

回家之後，我立刻將想到的幾本推薦書私訊給對方：雷蒙・夢果所寫，堪稱新型態工作者聖經的《不上班的生活》、西村佳哲的《創造自己的工作》，以及當時備受矚目，坂口恭平所寫的《第一次自己建國就上手》、イケダハヤト（Ikeda Hayato）

的《年收入一百五十萬，我們就能活得自由》，以及古市憲壽的《絕望之國的幸福青年》。

這些都是我最近讀過，覺得有趣且受益良多的作品，我興致勃勃地深信，這些書對現在的高島先生一定也很有幫助。

不過，高島先生的回覆只有一行字——

「這些書，我都知道啊。」

彷彿被澆了一大桶冷水，我先前那股雀躍的心情瞬間退散。不過，高島先生的這句話也有如當頭棒喝。

想一想，這也是理所當然。他可是個專業的「遊牧工作者」耶，人家賴以維生的「知識」，我不過是囫圇吞棗一下，就想要他對我推薦的書點頭稱許，這簡直就像是班門弄斧，談何容易啊。既然看過那麼多書，見面時就該先跟我說啊……我有點想發牢騷，但也只能怪自己當時沒問清楚。

---

1 nomad worker，工作場所不受限制，像遊牧民族般遊走於咖啡館等地的自由工作者。

那再多找一些書就好啦！反省過後，我想抽象一點的主題，像是普羅大眾取向的冒險小說，或許會比之前那些具體的社會論或工作術，更適合高橋先生，於是我又追加推薦了強・克拉庫爾的《阿拉斯加之死》與李察・巴哈的《夢幻飛行》。可是，馬上又收到了這樣的回覆……

「這些書我也知道。」

我實在很洩氣，該不會我介紹什麼書，都只會獲得同一句回覆吧……？

殫思極慮之後，我再次出手。

《兒童故事》是一個批判獨裁國家的寓言故事，全書籠罩著詭譎怪誕的氛圍：小學裡的某間教室突然來了一位新老師，之後在二十三分鐘的朝會時間內，一切風雲變色。起初覺得怪異的孩子們，全都開心地將舊教科書撕爛，還穿上新制服……這本書以抽象的方式處理國家與意識型態的議題，並且提出質問，雖然只是一個單純的故事，卻散發出不尋常的暗黑氣息，十分引人入勝。

和高島先生見面時，我們雖然沒聊到政治，但我覺得這本書似乎頗適合個性略顯反骨的他。更重要的是，這本書也算是我的孤注一擲：「總不會連這一本你也看過了吧？」

「這個類型的書，就你的性格來說或許不會喜歡……」

我送出這樣的私訊後，對方立刻就回覆了：

「感覺挺有趣的喔。這本書我從沒聽過，真想馬上就看看。」

看來我終於獲得認可（？）了。我當然不是懷著惡意要反擊，而是真心想推薦對方沒看過的書。我不知道這本書算不算是正確答案，不過高島先生可以說是我至今約見的網友中，最熱切渴望我推薦書的一位了。

今後推薦書時，我得更加深思熟慮才行。說真的，這本來就是理所當然啊。譬如說，向村上春樹的鐵粉推薦村上春樹的新書，不等於是白忙一場嗎？

推薦書的基本原則，當然是希望對方開心，但我覺得自己還是應該整理出一套思考方針，以便按圖索驥。

我稍微想了一下，然後記在手機裡，就可以隨時查閱。

【推薦書的注意事項】

- 對特定書種已相當熟悉的人，就不要再介紹該書種的經典名作或話題書。
- 鮮少看書的人，可以推薦經典名作或話題書。
- 經常看書的人，基本上就不宜再推薦名作或暢銷書。比較小眾取向、沒聽過的書，或是與對方經常涉獵的類型相距甚遠的書種，更容易受到青睞。
- 不過，這時候就得讓對方知道，「為什麼要推薦這本書給他」的理由。
- 至於要相距甚遠到什麼程度呢——屆時再觀察當事人的狀況，做出整體上的判斷，看看是要遠到天邊，還是只要稍遠一點就好。
- 與其從性別、年齡、職業、興趣來判斷，從對方散發的氣息來決定推薦書，有時接受度會更高（類似算命或是「以個人形象發想調製的雞尾酒」）。

目前想得到的就是這些，日後若有新的靈感，再來補充吧。

另外一夜的故事。

這是我第一次和女性網友見面。之前與陌生的男性網友見面時，我並沒有特別感受到壓力，但約見過女性網友後，我發現與同性相處確實比較輕鬆自在。

大學畢業、剛進入職場的小彩，外表就像個細緻可愛的洋娃娃，加上性格活潑爽朗，簡直就是無敵美少女。

「你長得這麼可愛，參加這類活動，想必經常遭到糾纏吧？」

小彩是X網站的資深會員，所以我馬上就想到這個問題。

「那種心懷不軌或是專找年輕女孩見面的網友，我一眼就能看出來了。」

小彩一邊秀出手機畫面，開始為我解說。

「如果擔心此人存心不良，可以像這樣，先點開他的個人頁面……然後看看他申請要見面的對象，都是些什麼樣的人。如果一整排都是年輕貌美的女生，就真相大白啦！呵呵呵。」

最初見面的那兩位希望我成為炮友的網友，我也試著點進他們的個人頁面。果不其然，這兩人申請要見面的名單上，清一色是長相可愛的女孩照片，令人雙眼發亮的女孩名字，洋洋灑灑布滿了畫面。

「那些識途老馬，特別喜歡鎖定剛加入的菜鳥，菜菜子小姐碰到的那兩位想必就是了。」

我既感動又感激，小彩除了幫我鑑定這兩位，乾脆將我見過面的網友名單列出來，一一點評：這個人不行，這個也不行，這位人還不錯……啊，這位我是聽別人說的，似乎不是好人……

當初跟井田先生見面時，我就有這種感覺：X網站的每個人都能自由活動，但這裡其實就是一幅社會信用體系的縮影。或許是X網站並沒有特別強調異性交友的目的，才會讓人有這樣的意想吧……

「那些只求一夜情的人，如果夠風趣幽默，倒也罷了～問題是，你不覺得跟那些人聊天很無趣嗎？」小彩這句話，讓我深有同感。

接下來，我跟小彩互相聊起過去一些很蠢的戀愛史，兩人不顧形象地笑得花枝亂顫，完全忘記自己身處氣質高雅的文青咖啡館。

「我這個人啊，很容易喜歡上會唱歌的胖子。」

「什麼！菜菜子小姐竟然有這種興趣？怎麼可能！」

「我也不知道……反正，我跟一群人去ＫＴＶ，那個人唱了DA PUMP[2]的歌。我不是特別喜歡DA PUMP，那個人模樣也怪俗氣的，想不到他唱起歌來特別性感，當天我就跟他回家了。隔天醒來，『奇怪？我怎麼會在這裡？難道是DA PUMP搞的鬼？』就是這樣囉。」

「哎喲!!你這樣不行啦!!我比較簡單，只要是帥哥我都喜歡。對我來說，外國人就是極品啊。可惜不論日本或外國型男都一樣……不，應該說外國人更沒內涵！而且完全沒有貞操觀念！只是我的英文不好，得花上好一段時間，才能看出他們是草包，所以我跟外國人交往的時間都特別長。這也勉強算是優點吧！」

「那不是很浪費時間!!」

2　一九九七年出道的日本男子唱跳團體，曾推出多首暢銷曲，近年再度活躍於樂壇。

「我也覺得不能再這樣下去，所以要是有預感當天可能會失守，我就故意穿上拉拉熊圖案的醜內褲赴約，預防自己再度淪陷。」

「拉拉熊?!你怎麼會有這種東西……?」

「那是朋友從泰國帶回來送我的禮物啦……只是就算我穿了，『在旅館沖完澡後，身上只裹著浴巾，照樣能上床』，所以根本沒用！到底要怎樣，才能治好我這個毛病啦～？」

我們就這樣一直聊到咖啡館打烊，把我們趕出去為止。

幾天後，我把アルテイシア（Artesia）所寫的《口無遮攔的Girl's Talk》這本書推薦給小彩。

一翻開書，不堪入目的詞彙大剌剌以粗體字放送，強烈的震撼使人反射性地立即將書闔上。這本在人前或電車中絕對不敢翻開來看的散文集，充滿強烈的女性主義思想，以女性的角度批判性的荒誕可笑現象，強調女人應該勇於逃離男性的支配與社會的偏見，肯定自己的性需求，期許女人都能靠自己的力量獲得幸福，而非只是仰望男人的給予。

一會兒之後，小彩回信了。

「謝謝你的推薦！其實這本書我早就買囉!!但我根本不敢擺在家裡的書架上啊～！不過內容真是爆有趣，真高興我們所見略同。我會堅強活下去的——♪

「等我有了新的冒險故事，再來開個分享會吧☆」

字裡行間，依然洋溢著那晚小彩身上散發的開朗可愛氣息。光是閱讀文字，我也跟著精神百倍了。

能夠遇見像井田先生、小彩這種正直而有趣的普通人，彼此愉快地交流，共度一段美好時光，結束後也不會接到令人火冒三丈的私訊，想要推薦給對方的書，在對話之際就會自然在腦海中浮現。

我曾經認為，推薦書給他人就像是艱鉅而難以企及的理想，如今卻已漸漸有得心應手的感覺了。

一開始加入X網站時的不安與疑惑，早已煙消雲散。

後來，我再也不曾與井田先生或小彩見面。不過在X網站認識的人當中，也有一些目前還繼續聯絡的朋友。

遠藤先生從事的是「攝錄師」（videographer）的工作，年紀比我小三歲。

他和朋友在原宿有個共用的辦公室，於是提議：「你願意來我的辦公室嗎？雖然這一天廠商剛好會送沙發來，我朋友的助理也會隨時進進出出，可能有點吵，但我可以請你喝咖啡喔。」

我們約好下午三點見面，我想應該帶個點心過去，於是到澀谷的百貨地下美食街買了GODIVA的冰淇淋。

說是辦公室，看起來也就是個無機質的空間，裡頭擺著色彩鮮豔的桌椅，靠牆的裝飾架上有一整排的史奴比公仔，空間中意外有種可愛的氣息。

「你好！請進！」

遠藤先生露出有點靦腆的笑容，請我坐下。

他的個頭瘦小，看起來像個少年，腳下踩著的原宿風格華麗球鞋，搭配臉上的黑框眼鏡，竟是出奇地相襯。親切的笑容，令人如沐春風。

一開口與X網友交談的瞬間，我總是非常緊張。不過只要兩、三分鐘，這股緊張感很快就會消失，我們也從「不認識的人」變成了「認識的人」。

另外，自從加入X之後，跟對方聊上三分鐘……不，大概只要一分鐘，我就知道合不合得來、是否能聊得盡興，對方大概是什麼樣的人，不必等到深談我就有個底了。關於這一點，我自己也覺得不可思議。

與遠藤先生才剛見面一分鐘，我就知道能和他結為朋友，而且我應該會滿喜歡這個人。

「這是我帶來的伴手禮。」

「哇啊，太讚了！感覺比哈根達斯更高級！金色的杯子還閃閃發光呢。菜菜子小姐，你要苦甜巧克力還是牛奶口味？」

「我都可以。遠藤先生先選吧！」

「咦！可以嗎？那我要牛奶口味！不好意思，我的味覺比較孩子氣，呵呵。」

覺得自己可愛的人，才會用這種口氣說話。不過他的表達方式很誠懇直接，我喜歡。

「不過呢，除了味覺，我有很多地方也很孩子氣。比方說，不想做一般上班族的工作啦，不做會開心的事就等於要我的命啦。很想賺大錢，但不想把它當成目標，人生也很少出現黑暗面或苦惱的時候。還有啊，我很不擅長認真思考。」

「看得出來。這樣也不錯啊！待在遠藤先生身旁，心情也跟著愉快了起來呢。」我是說真的。我完全沈浸在遠藤先生所散發的慵懶氛圍裡，非常放鬆、心情愉悅，一點兒也不像才剛認識他。

「真的假的？你這樣說我超開心耶！」

「遠藤先生應該有點自戀傾向吧？」

「哇，馬上就有結論囉？才剛認識就被妳看穿……好丟臉喔。我知道菜菜子小姐不會笑我，所以我就直說了，我確實是很自戀啦。不過，反正我自己覺得開心、身邊的人也開心，那就夠啦。」

「這不是很好嗎，很多人還因為求之不得而苦惱呢。」

「是喔？」

「啊，快點吃冰淇淋啦！都融化了！」

「是！那我開吃囉！」

遠藤先生笑容滿面，朝著小小的冰淇淋杯雙手合十。

「我不太懂，請問攝錄師是什麼樣的工作啊？」

「嗯……你聽過○○這個電視節目嗎？那個開場片頭是我做的，算是我最有名的作品吧。我有時候也會幫還沒成名的年輕音樂人拍MV，不過最主要是拍些企業的形象影片之類的，反正就只是個不起眼的小咖啦！」說完甚至還點開手機上的YouTube影片給我看（說是獨立的小公司，其實還滿有名耶……！）。

接著他又說起為什麼要加入X，自己十幾歲時跟朋友一起拍的電影，喜歡的漫畫、曾經去過的國家，跑去國外參加「燃燒人」[3]這個大型節慶……話題彷彿沒有

---

3 Burning Man，一年一度在美國內華達州舉辦，以藝術、社群意識、自力更生等為主題的活動，活動期間會燃燒大型木人，因此而得名。

盡頭似地，一個接一個說個沒完。

「菜菜子小姐是Village Vanguard的店長？好厲害！」

「沒有啦，哪有厲害。」

「那些POP超有趣的！！我好想寫寫看！也想進一些稀奇古怪的商品！」

不只是遠藤先生，一打出Village Vanguard的名號，大家的反應常是如此。我往往也會順水推舟，講幾個相關的有趣橋段，博得滿堂采。

在Village Vanguard這個職場，顏值高或是學歷好，通常沒有加分效果，反而容易被拿來取奇怪的綽號，根本是有害無益呀。至於那些頂尖的風雲人物，通常都是類似綜藝節目《塔摩利俱樂部》的「空耳時間」[4]單元會錄用的對象，或是像「被女友拿著活魚痛毆，正是我人生中最興奮的時刻」，這類具有奇怪性癖好的人。

那是我剛升上店長時發生的一件事。當時我把店交代給遲到的員工，自己先行離開，後來我發現忘了東西，又折返回店裡拿，卻發現那些遲到的員工全都躲在收銀櫃檯裡吃冰淇淋。我被嚇到都忘記要生氣了，他們也驚覺「完了」，手上的冰淇淋不知該往哪兒藏，一群人就這樣單手握著捲筒冰淇淋的模樣，構成一幅不可思議的奇妙畫面。

召開全員會議時，公司高層也曾一臉沉痛地宣布：「今年，全公司賣得最好的商品就是……『乳房造型玩具球』。」……我總是會講些諸如此類的趣味故事。我原本也打算再講這些橋段，但不知怎地卻說不出口，取而代之的是：

「以前很快樂，現在卻很不快樂，所以我想辭職了。」

我說這些幹嘛啊？說完之後，我自己也嚇了一大跳，講的時候還明顯帶著憤恨的口氣，實在太丟人了。不過，遠藤先生倒是平淡地說：

「是喔！那麼，接下來想做什麼呢？」

一副理所當然的口吻。

拜託，這件事很嚴重耶，你怎麼能如此輕描淡寫？Village Vanguard 就等於是我的人生啊，這跟其他人隨便做個兩三年就離職是不一樣的，好嗎！

---

4 「空耳」在日文中原指「幻聽」之意，後來在流行文化中漸漸引申為對聲音的再詮釋創作。例如刻意將原曲的發音理解為另一種語言而改編出新歌詞，以達到惡搞或一語雙關的效果。

不過，這終究是我個人的感受，其他人大概只會覺得：這有什麼了不起？幹嘛如此大驚小怪？

我也好想成為那種人啊，能輕鬆地說出「那麼，接下來想做什麼呢？」。

其實我也跟遠藤先生一樣，是個自在又爽朗的人，只是我的這種性情，似乎正在漸漸消逝之中。不知為何，我很確信，只要待在遠藤先生身旁，我就能再找回那個喜歡的自己。

「真羨慕遠藤先生，樂觀又開朗，我甚至覺得你不會嫉妒別人，也不會口出惡言。我的個性也不算負面，但跟你比起來可是望塵莫及啊。好想變得跟你一樣。」

「真的假的？好開心！但我其實沒那麼好啦。在臉書上看到朋友事業有成，或是買了新房子，我也會不安好心地想著『真氣人！希望你也會失敗！』。」

看著一臉笑嘻嘻，口氣直爽的遠藤先生，我心想：真的好喜歡這個人啊。

我們聊了將近兩小時，沙發之類的大型傢俱送來了，也有其他人走進辦公室，拐進另外的房間開始工作。

我們的交談因此被打斷，不過來者似乎無意要遠藤先生結束聊天。我該不會妨礙到人家工作了吧？但我好想再繼續聊喔。這時候，遠藤先生突然說：

「好……接下來要聊什麼呢？」

這句話讓我鬆了一口氣。我想，對方拋出這個不太自然的提議，或許是要我在同意書上簽名吧？

我遲疑了一下，於是也有點不自然地說：「啊，對了，剛才提到的漫畫，我想起來了……」接上這種無關緊要的話題。

遠藤先生看著一旁打開的 Mac 電腦說：

「三十分鐘內，對方會把工作要用的素材資料寄給我，確認之後我就可以回去了。要不要一起去吃個飯？」

「哇，好喔。」

於是，我們在夕陽西下、夜色漸濃的街頭穿梭，走進了巷子裡一家煙霧瀰漫的燒烤店。剛才已經聊了好幾個小時，我們還是有那麼多話可以講。後來我們繼續移動到藏身於迷你大樓裡的狹小酒吧，把酒言歡直到末班電車的發車時間。最後，兩人交換了LINE，在驗票口告別：

「今天太好玩了。下次見！」

「我也玩得很開心。再聯絡！」

笑著彼此道別後，我稍微加快腳步，搭乘電梯往下。一踏上通道，握在手裡的手機震動了一下，同時跳出LINE的訊息通知。

「說再見之後，突然覺得好落寞喔。要不要乾脆一起玩到天亮？」

我盯著手機畫面好一會兒，然後轉身搭乘電梯往上。

回到驗票口，我們像是初次約好見面似地，遠藤先生的笑容不再帶著靦腆，他朝我揮揮手，等著我走過去。

不過，兩人心中倒沒有「這是彼此默認要上旅館去」的想法。

「嗯……很高興又見面了。不過，要去哪裡呢？」

「對呀，要去哪裡呢。啊，要不要去射飛鏢？好幾年沒去了。」

於是我們先去玩射飛鏢，再到HUB酒吧喝酒。兩人看了一會兒足球賽轉播，看膩了就打打手遊或聊聊天。這時我們之間早已沒有隔閡，輕鬆自在得如同認識多年的老友，聚在一起殺時間，彷彿暑假永遠不會結束。然後，睡意漸漸湧現。

「菜菜子小姐！」

「什麼事？」

「抱歉，我好睏喔。真不好意思，明明是我提議要玩到天亮的。要不要去我辦公室瞇一下，順便等第一班電車？」

「咦？呃⋯好啊⋯⋯」

這句話的意思是？他究竟想要什麼？我不斷揣測對方的真意，但因為沒有任何「前奏」，我想他應該是沒有特別的意圖。

捫心自問，我到底是想跟這個人維持什麼關係？自己要想清楚呀！說不定幾十分鐘後，就會碰上必須抉擇的場面了。

兩人慢慢走回辦公室的路上，我反覆思考這個問題，卻終究沒有答案。我的確喜歡遠藤先生，但是，我想跟他交往嗎？我真的不知道。萬一發生關係後反而覺得不妙，甚至從此不相往來，我會覺得很可惜⋯⋯

相較於我一路上心事重重，遠藤先生一踏進辦公室，「哇！沙發弄好了耶！超棒！」說完就倒在沙發上了。見他遲遲不起身，我心想：難道是在等我？等我做什麼？該不會是要我擠到他旁邊問：「可以躺在你身邊嗎？」……

就在我探頭觀察狀況時，微微的打呼聲迎耳而來。

沒辦法，我只好隨便拉條毯子，找個地方打地鋪，自己從書架上找本書來看。好喜歡這個像是去旅行一樣的非日常夜晚。

在我點頭打起瞌睡之際，電車的行駛時間也到了。和遠藤先生一起步出屋外，天空比我想像的還要明亮。好久沒見到天剛亮的街頭了，烏鴉優雅地低空飛行，或在路邊翻啄斜躺著的半透明垃圾袋。灰青色的天空，整晚熬夜後的濃重睡意，我有多久不曾經歷這些了？這感覺彷彿……又回到了十七歲啊。我一邊想著，和遠藤先生朝著地鐵站走去。

我們面對面，站在驗票口。畢竟五小時前才剛在這裡道別，多少有些尷尬。

「今天要上班？」

「嗯。回去之後也許可以再睡兩小時吧。遠藤先生呢？」

「我十點之後要開會，得先回家換衣服……我還在考慮要不要再補個眠？」

「是喔。……那就，再見囉。」

「嗯。」

這時候要吻別嗎？還是就這樣？或是我該再說句什麼？

這些念頭同時在我心中游移著。遲疑了一下，我輕擁對方道別。

我決定就這樣輕輕放下。其實就算是吻別，甚至上床，我也覺得ＯＫ。不論當下做了哪個抉擇，或許最後的結局都是一樣的。

上了電車，我再度從包包裡拿出手機，確認一下畫面。遠藤先生並沒有發訊息給我。我猶豫了一會兒，送出一則沒什麼特別意味的訊息：

「**我上車了。謝謝你陪我一整天，非常愉快啊。**」

對方立刻跳出已讀，同時回傳簡單的一句：

「**我也是！下次見！**」

帶著沈重的睡意，我在搖晃的電車上一一回想今天發生的事。

我不知道自己究竟有何打算，也不明白遠藤先生的心意是什麼。

難道我喜歡遠藤先生？

說不定未來，我們將會交往？

我有好久不曾想過這些事了。或許我們的未來將是一片光明，我卻無法想像出那個畫面。

我可以隨意愛上某個人嗎？那我該拿先生怎麼辦？

不知道。我不知道啊……

但我有種預感，自己已經慢慢走向新的人生道路了。

我推薦給遠藤先生的書，是漫畫家藤子・F・不二雄的《外星毛查查》。

之所以推薦這本書，是因為遠藤先生說過「想看有趣的SF科幻漫畫」。我自己對本格派的科幻漫畫不太熟悉，但我覺得這是藤子・F・不二雄最棒的作品，如果還沒看過，可以考慮看看。這部漫畫原本是小學高年級雜誌的連載作品，因此內容並不幼稚，甚至還出現了自殺、洗腦、宗教等社會議題，同時又能體驗宇宙冒險的刺激樂趣。

遠藤先生很喜歡嘻哈，也是日本嘻哈團體 Rhymester 的粉絲，而該樂團的成員之一宇多丸正是藤子・F・不二雄的鐵粉，他不但負責漫畫全集的解說，也和我意見相同，表示「《外星毛查查》是藤子・F・不二雄最優秀的作品」，所以我想應該很適合遠藤先生。

說自己從不買紙本書的遠藤先生，後來發了一封簡短的訊息給我：「**我在亞馬遜買了！超好看的!!謝啦！**」

除了和網友見面，為了與先生找出平和的解決方案，分居之後，我們會定期每個月見一次面，一起吃飯。

只是，我們都害怕碰觸問題的核心，因此總是聊些無害的話題。雖然沒什麼事需要慶祝，平淡吃頓飯又覺得無趣，所以即便沒有意義，我們還是選擇了價格昂貴的高級餐廳。

這種聚餐，究竟有何意義呢？

雖說如此，但若要改變現狀，我又覺得麻煩，不如就先這樣拖著，日後再說吧。

吃完飯之後，我們兩個就像是不太熟的朋友，在車站道別。我的心，只有著無可言喻的倦怠感。

比起對先生的事優柔寡斷的自己，或是想辭職卻無法毅然離開而飽受煎熬的自己，我更喜歡決定加入X時，衝動地向未知勇敢邁進的自己。一方面應該也是覺得自己很好笑，「都已經這麼落魄了，還去做奇怪的事」吧。

我遇見「優質」網友的機會，似乎越來越高了。或許是出於偶然，也或許是我個人的信賴度增加了？還是說，我對「優質」的感應能力、或是激發出對方「優質」潛力的技巧，已經大幅提升了呢？

小尚就是其中一位優質網友。

在X這個不乏魑魅魍魎的世界，她就像是原野上默默盛開的亮麗花朵。辭掉待了多年的公司之後，她決定自立自強，做個自由接案的攝影師。

小尚開朗、貼心，善於聆聽，樂觀積極、認真努力。她與小彩是完全不同的類型，但因為都是女生，我可以很放心地跟她說些內心話，聊得很盡興。

在短暫的交談時間裡，不論是我的說話方式、想法或者觀點，一些我自己完全沒注意到的小地方，小尚都會立刻給予讚美和鼓勵：「這就是菜菜子的優點呀。」態度從容，一點也不造作。我覺得小尚這種「肯定的力量」根本就是天賜的禮物，真令人羨慕。

此外，小尚也向我推薦了另一位網友由佳里：「這個人，你一定要見見她！」

由佳里從事的工作是「教練式輔導」（coaching），見面時會免費引導網友進行這項活動。

「什麼是教練式輔導？聽起來好像是自我啟發之類的？該不會是要我面對鏡子一直喊著：『我可以，我可以的』？這樣不是很奇怪？」

「噗……菜菜子在說什麼啦？放心，一點兒也不奇怪！這可以幫助你了解自己內心的想法喔。」

沒多久，我就和由佳里見面了。她坐在新宿西口TULLY'S咖啡館最裡面的座位等我，笑容親切、語氣溫和，一開口說話，馬上就給人一種安心的感覺。

自我介紹並稍微聊了近況之後，由佳里開始為我簡單說明什麼是教練式輔導。

「很多人都把教練式輔導與諮商混為一談。諮商是傾聽對方說話，加以整理分析後提出解決方案；而教練式輔導是一種由自己發掘問題，然後自行解決的溝通技巧。」

「可是，自己都不知道的問題，要如何靠自己解決呢？」

雖然還不至於半信半疑，但自己要是能給出答案，居中協助的人還有存在的意義嗎？

「那就實際試試看吧！剛才也有稍微了解菜菜子小姐目前的狀況了。現在，你覺得最苦惱的事是什麼呢？」

「嗯……是還不到苦惱的程度，只是我完全不知道自己究竟想要什麼。我不知道是該跟先生分手，還是重修舊好，所以我暫時不做決定，先觀察一年看看再說。工作的部分也很徬徨，很想辭職，但又不知道自己想做什麼。」

因為算不上是多嚴重的困擾，就只是一種淡淡的煩惱，我暗自有些不好意思，但還是拜託對方開始引導。

「我知道了。那麼，我們開始吧！」

「請你閉上眼睛……想像自己獨自站在一個非常寬闊的房間裡，只有菜菜子小姐腳下踩的那塊邊長一公尺的正方格，與四周的顏色不同。那一塊方格，就代表目前的菜菜子小姐。

「現在，站在那裡的菜菜子小姐，有什麼樣的感受？不必擔心講錯，想到什麼就說什麼。」

「不安。」

「什麼樣的不安？」

「很徬徨……」

「很徬徨是吧？請試著想想看，為什麼會覺得徬徨？」

「因為不曉得未來會怎麼樣……」

這很明顯就不是正確答案呀……我回答不出來啦……突然間，彷彿開關霎時被啟動，話就從我嘴裡冒出來了。

「我有朋友，工作也不全然是討厭的事，當中還是有不少樂趣……婚姻也是如此。而我很害怕失去，擔心現在擁有的一切，會變得蕩然無存……」

「嗯嗯，因為擔心失去一切，所以很不安啊。」

「其實，就算是那樣也無所謂……我真的很討厭自己這麼執著，希望喜歡的事物永遠不要消失。只是……我也不認為自己有能力改變現有的一切，可以找到想做的工作，或是相伴一輩子的對象……」

說著說著，我竟然嚎啕大哭，自己也嚇了一大跳。

「學生時代的我，幾乎沒有朋友。公司裡的人幾乎都是怪咖，因此我在這個環境反而覺得自在愉快。但一走出公司，也就是進入『一般人』的世界時，我就不行了。一直以來我都是這樣。我不是不想融入一般人，是真的辦不到啊。

「這也是我沒有勇氣提出辭呈的原因……離開了公司、離開了這群人，我不知道哪裡還有自己的容身之處？不論工作或人，Village Vanguard 都與我非常契合，甚至可以說是合而為一。那是我人生中最美好的部分，只是我漸漸覺得，這種關係似乎無法長久了。離開這個工作後，我還能再找到這麼有趣的事情做嗎……我越想越覺得不可能……」

我的淚水潰堤，不住地嗚咽，幾乎無法說話了。怎麼回事？要不要緊哪？我的情緒怎麼會如此不安定？難道這是一種催眠術？不會吧，我不就只是想像自己站在一塊方格上嗎？如果是催眠術，我也太容易就範了吧！而且在剛認識的人面前，在人這麼多的咖啡館裡哭成這樣，丟臉死了。怎麼辦？

「抱歉……真的很抱歉……眼淚它……」

「沒關係，如果還能說話，就請繼續說。」

我有好多話想說，卻只是一直啜泣，呼吸斷斷續續，很難說得清楚。而且，我越是想說話，眼淚就越是滾出來。也許是習慣這種場面了，由佳里完全不見驚訝或覺得尷尬，而是一臉平靜地繼續對我說：

「接下來，在你前方五公尺處，還有另一塊和你腳下相同顏色的方格。請你走過去，站在那塊方格上。」

不過是在腦中想像這種方格，就有如此強大的效果……？我一邊哭，一邊佩服自己竟然還能冷靜思考這些事。我按照對方的指示，走到另一塊方格上。

「這是一年後菜菜子小姐的所在之處。此處的菜菜子小姐，是你希望一年後變成的模樣，也就是你『想要成為的自己』。你變成了什麼模樣呢？有什麼感覺？」

「一年後……想要成為的自己……」

當下我想不出要說什麼。我不知道自己想變成什麼模樣。過了好一會兒，還是完全沒有概念。

由佳里換了幾個問題之後，繼續問：

「你的周圍是什麼景色？什麼人在你身旁？可以看到或聽到什麼嗎？相較於現在，菜菜子小姐的心情如何？」

有個畫面不經意地突然跳出來，但我立刻將它抹去。把別人當成自己的幸福來源是不對的，自己的幸福就該自己創造，我要自立自強才行啊！

「剛剛有個想法跳了出來，但我覺得那樣做不太好……嗯……怎麼說呢？」

「不論你想到什麼，都無關對錯。即使是旁人聽了會皺眉的價值觀，甚至是奇怪的想法，全都無妨，因為那或許就是菜菜子小姐終於浮上檯面的真心話啊。」

但不知怎地，我還是有點抗拒，由佳里很有耐性地等著我。過了一會兒，我終於擠出一句話：

「比起現在，我身邊圍繞著許多優秀的人，我非常開心。」

「咦，這樣不是很棒嗎！」

聽由佳里這麼一說，我突然覺得：咦？我的想法也沒多奇怪呀？剛才怎麼會說不出口？腦袋裡所想的，從嘴巴實際說出來之後，意義竟然如此天差地別，實在太不可思議了。說出來之前，我總覺得沾他人的光采讓自己鍍金，似乎有些卑鄙而可恥，不應該這樣做。

「我再多問一下喔，為什麼菜菜子小姐會覺得那些人很優秀？」

「因為他們不會老是抱怨公司，也不會整天講負面的喪氣話，總是樂在工作，心靈自由奔放、態度正面積極，而且知道許多我不知道的事，服裝打扮也有獨到的品味。他們的穿著不是全身名牌，而是有種難以理解，卻令人覺得很潮、很有型的時尚感。」

我的嘴巴彷彿裝上了自動播放器，另一個冷靜的我則是默默聆聽。

最後關於服裝的那段話，其實我已經不知道自己在講些什麼了。不過，那就是我所追求的境界，那些具有高深莫測時尚品味的人，我好想跟他們成為朋友。

「我覺得很棒呀。接下來是最後一個問題了。菜菜子小姐，為什麼身邊圍繞著這些人時，你會覺得愉快呢？」

明明是個極其普通的問題，卻字字像刀刺中了我，眼淚瞬間滾了下來。

「因為我已經……變得……跟現在不一樣，已經可以跟……這些人……對等地相處來往了……」

我再次嚎啕大哭，完全不知所云。

一直以來，我總是拙於向他人傾訴自己的心事。

我有個根深柢固的觀念——在人前，我必須呈現出完美、愉快、開朗的模樣，彷彿人生一切都很順利。因為向人吐苦水，人家聽了也煩，畢竟不是有趣的事，就別拿這些去打擾別人了。我總是習慣將「我很好啊」、「我很開心呀」掛在嘴上，深信這些都是我的真心話。

輔導結束時，我請由佳里給我一點時間，等我慢慢冷靜下來。我有些害羞地和她閒聊了一會兒，請教她關於教練式輔導的事，然後我們一起離開TULLY'S。走向新宿車站的路上，由佳里突然說：

「回家之後，我還要在SKYPE上跟客人進行教練式輔導呢。」

「所以這是你的工作嗎？」

「是啊。我跟對方談好了費用，三次四萬日圓。我們已經進行好幾次了。」

我心想：好貴呀。不過想到自己今天哭成那樣，這個價格也算是合理吧。

「今天我接受的教練式輔導是免費的，對吧？那麼，付費與免費的服務內容是不一樣的嗎？」

「不，都是一樣的。」

「是喔。那麼……這樣說有點失禮，不過，您提供X網友免費服務，是要為付費的教練式輔導做宣傳嗎？」

「嗯……如果網友喜歡，想要付費參加，我當然很歡迎呀，但我的目的不是這個耶……純粹就是個人興趣。我喜歡教練式輔導，不論是免費或付費，我都願意提供服務。」

我從未聽聞過這樣的思考方式，實在大受衝擊，簡直無法當場就消化。

回家之後，我慢慢咀嚼著由佳里說過的話。

大部分的人總是煩惱該如何在「工作」、「金錢」、「喜歡的事」之間取捨，每個人都會依據自己的需求來採取行動。

「想做自己喜歡的工作，就必須靠這個工作賺到錢。現在的自己還不成氣候，因此先提供免費服務，慢慢累積成果，同時透過這些獲得免費服務的人口耳相傳，以拓展知名度。」這樣的商業模式還滿常見的。

有些人則認為：「自己的技巧還不夠純熟，那就先提供免費服務，當成是練習吧。」相對地，也有人覺得：「既然自己喜歡做這件事，就算賺不到錢也無所謂。」

我想，由佳里是真心喜歡教練式輔導，因此免費也好、收費也罷，她都願意做。

或許這就是她的天職吧？

我倒不會認為，不做商業或流量變現方面的考量是多了不起的事。不過，我希望能像由佳里一樣，抱持著某種堅定的態度來面對世界。

我的天職又是什麼呢？難道就只是待在Village Vanguard？或是書店？還是說，純粹只是沒有其他容身之處了，我才會這麼渴望有個地方能讓自己安心待著？

不過，十幾歲時的我，曾「自以為是」地認定自己就是宇宙的中心，而現在的我，已經過了年少輕狂的階段，希望能夠成為一個對他人有所助益的人。

就像由佳里一樣。

「由佳里小姐，很感謝你前幾天為我做的教練式輔導。當天我哭成那樣，真的很不好意思。不過，有機會直視我從未發現、令自己感到不安的真正原因，雖然驚訝，但也很高興終於真相大白了。

「由佳里小姐的工作實在令人刮目相看，真的非常謝謝你。我自己也立下了新目標，期望能抱持著和你一樣的態度，來面對工作。

「而我要推薦給由佳里小姐的書，是由伊藤比呂美、枝元なほみ（Edamoto Nahomi）兩人的書信往返內容集結而成的《吃了什麼？》。

「這兩位四十多歲的女性分別為詩人及料理研究專家，白天忙於工作、家庭、育兒、愛情，夜深人靜時則在廚房以傳真互相傾訴內心的話語，非常值得一看。

「第一次閱讀這本書時，我還未滿二十歲，只覺得『成為大人之後，竟然每天有那麼多煩惱和辛苦的事』，實在難以想像。

「經過歲月的洗禮，如今見到這兩位作者在應付煩惱之餘，還能積極、正向地看待人生，與女性友人分享喜怒哀樂，努力克服人生路上的種種挑戰，我反而覺得很了不起。

「與由佳里小姐聊天時，你溫柔與堅強並存的態度，就跟這本書所散發的氣息一模一樣。看完這本書，真會讓人覺得：活著真好啊。而兩人互訴日常之間所穿插的晚餐菜色、自己親手做的美味料理食譜等，充滿了生活感，我也覺得很棒！有機會的話，非常推薦你看看這本書。」

第4章

各奔前程的人們，都來到了這個中途站

X 網站的每個人，都是「正在前往某處的途中」。

想要創業或轉換跑道，覺得現在的自己不太對勁，應該有所改變……

大家有禮貌地交換內心的不安，彼此都卸下一些些心防，

就這樣逐漸形成了同溫層。或許，這也是現實世界的縮影？

自從開始在X與網友見面，Village Vanguard之外的世界，似乎更為亮麗動人。放假日跟同事以外的人見面，心情就特別愉快。

上班時，只覺得每天都百無聊賴，兼差員工整天只知道抱怨，公司要求所有單位配合的新政策，也是將就著應付一下。至於公司裡其他人「你再怎麼掙扎都沒用啦」之類的冷言冷語，我也早已聽慣了。

雖然一直以來都是這樣，但從前的心態是，一來畢竟是熱愛Village Vanguard，也喜歡公司裡的人，不想離開這個環境；二來是考慮到「辭職後應該找不到比這裡更好的地方，我也沒有別的專長」，所以從來沒認真考慮過辭職這件事。

不過，當遠藤先生直白地問我「接下來要做什麼」時，我卻只能沈默不語；和由佳里小姐見面時，我嚎啕大哭成了淚人兒；推薦書給別人時，有人開心、有人不以為然，即使如此，我還是喜孜孜地發送推薦書的私訊給對方，想著「那個人絕對適合看這本」……

這一切，都將我一點一點地推離原本的舒適圈。

我始終想不通，為什麼那麼想辭職，卻一直辦不到。

如今，我是非辭不可了。再這樣下去，我不會擁有那一天由佳里讓我看到的，一年後的美好光景。

可是，辭掉了工作我要做什麼？就是因為沒有答案，才會一直辭不了啊。

啊，我可以像現在一樣，和人見面推薦書呀？可是這有辦法賺錢嗎……根本不可能賺到錢吧？

即使心中尚有猶豫，我還是像著了魔似地，不斷跟網友見面。與陌生人邂逅，成了我生活中的一部分。

休假前一天，我會打開X的網頁，只要感覺蠻有意思的人刊登了約見訊息，我就會去申請。若是沒有，我會先安排像是澀谷或新宿，這種比起橫濱相對容易被大家找到的地方，事先規劃「明天去那家書店看看」、「順便到新宿逛逛拍賣會」，再配合時間與場合刊登隔天約見的訊息。這樣時間一到我就非得出門不可，休假日也不會賴在家裡發呆，浪費光陰了。

前野先生是醫學系學生，但還不確定自己未來是否也要順理成章地成為醫師。

「我對醫療很有興趣，也很喜歡做相關的研究。只是，醫療界是一處封閉的象牙塔，我覺得自己無法融入這個保守、老舊的體系。我的高中同學，有的說要『自己創業』，有的說要去非洲蓋學校，我聽了好羨慕，真希望自己也能做類似這樣的事。對了，我以前念書的時候，曾經想過要環遊世界一周，所以很熱衷於閱讀那些正在環遊世界的人所寫的部落格文章。」

這位怎麼看都是個菁英份子的醫學生，竟然有如此出人意表的興趣啊。

「後來，我去參加了某個環遊世界的旅人分享心得的演講會，那個人送了我尚比亞的紙鈔當禮物。我心想，哇～這要好好收藏起來。就在這時，突然有一個念頭閃過腦海。」

「哇喔，是什麼念頭？」

「你聽過「稻草富翁」[1]的故事嗎？我也想要如法炮製。我決定從這張尚比亞紙鈔開始，每次都跟見面的人交換更好的物品，就這樣一直換、一直換，最終的目標是換到環遊世界的機票，然後我就可以去環遊世界了。」

「咦，這個超有趣的耶！」

這是我第一次遇到除了我之外，也正在進行「多樣化交流」的人。

「我向每位見面的X網友推薦適合的書，跟你現在做的事也有點類似。」

「真的滿類似的耶。我做任何事時，都習慣為自己設個『門檻』，增加一點挑戰性和可能性。只是待在X網站，久而久之也會覺得無聊吧？環遊世界的機票，認真一點打工存錢，也一樣買得起吧？但這樣就太沒意思了，所以我才想要設定一個目標。」

「這樣很好啊。只是單純去完成一件事，確實蠻無聊的。你的想法很棒、很有創意耶！那麼，你那張尚比亞紙鈔現在變成什麼了？」

1 日本民間故事，描述一個窮困男子向菩薩祈求財富，菩薩於是指示他拿著走出廟門後第一個接觸到的東西去旅行，就可以實現願望。男子於是從一根稻草開始，沿途不斷與他人交換需要的物品，最後換到了一大片農田和豪宅。

「如果今天能帶來就好了……那張紙鈔陸續換成了開瓶器、輕量型折傘、烤麵包機、數位相機，現在是換到了旅行箱。」

「好厲害！完全就是『稻草富翁』的翻版啊！」

我也想加入這個遊戲，在包包裡東翻西找，結果當然是找不到比旅行箱更值錢的東西。

「親身實踐過『稻草富翁』遊戲的人才會知道，接下來是最困難的部分啊──交換活動目前完全卡住，停滯不前。」

確實是如此。不過，對「稻草富翁」有感的人也太少了吧？這個遊戲的草根味濃厚，又很有趣。看前野先生這麼認真地身體力行，我應該可以為他做點什麼。

「有什麼好方法，可以讓交換活動繼續進行呢？比方說，把旅行箱拿去換成一百個鑰匙圈，這樣就有更多交換物品的機會了？不行不行，鑰匙圈通常只會被當成沒用的垃圾……」

「嗯──我也考慮過把東西拆成好幾個，分別進行交換……」

我們想了許多諸如此類的主意，「這樣似乎不行、那樣好像行不通……」在邊笑邊聊的過程中，我彷彿也受邀加入了這趟旅行，感覺愉快極了。

請教了前野先生關於書的事情後，他表示自己非常喜歡澤木耕太郎的旅行文學經典《深夜特急》以及《阿拉斯加之死》，已經反覆讀過好幾遍，對於旅行也充滿無限幻想。既然如此，我非常確信，沒有任何書會比《在路上》更適合他了。

這是美國作家傑克・凱魯亞克描述年輕人拒絕穩定的生活，奔向自由旅程的小說，雖然是五十年前的作品，至今仍被許多人視同聖經般奉為圭臬。等到前野先生展開環遊世界的旅程時，這本書絕對會讓他的美國之旅增添更多樂趣，也能呼應他不甘只做個平凡醫生的心境。

牧先生原本在語言學習相關的出版社工作，辭職之後，目前是英語補習班的講師，同時也是語言學習書的幕後寫手。

「名人或偶像寫書需要幕後寫手相助，這一點我可以理解，但是語言學習書也需要幕後寫手嗎？」

「當然還是要啊，例如那些語言學習界的名師就得有人幫忙。不過我現在代打的這個作者，是個蠻橫又討人厭的傢伙，真希望早點結束寫手生涯，我的夢想是寫自己的書。」

「也是跟語言學習相關的書嗎？」

「是的。你知道『多益英語測驗』（TOEIC）嗎？」

「嗯，我沒考過，但是聽過。」

「我超愛多益！」

牧先生燦笑著說。這個回答也太趣味了吧？不過，這也正是我喜歡跟X網友見面，並且樂此不疲的原因。我的心情跟著躍動起來，於是又追問：

「多益這種東西，還有所謂的喜不喜歡喔？我可是第一次聽說！」

「熱愛多益的人，稱為『多益人』（TOEICer），這種人還滿多呢！我當然也是。這五年來的多益測驗，我每次都有參加，考取滿分是我的人生目標。」

「真的假的?!好有趣喔。不過，滿分有那麼好拿嗎？我是聽說考七〇〇分以上，對求職很有幫助，你也是基於這樣的理由嗎？」

「不，要考滿分可不簡單呢。我大概是考兩次可以有一次滿分，每次至少能拿到九七〇分，但要拿滿分真的很難。所以我把滿分當成挑戰，就跟登山時攻頂差不多吧。」

「能考那麼高分，在語言學習上想必沒有什麼好再加強了吧？」

「這跟御宅族[2]的心態很類似，希望凡事都能做到最完美的程度。每次考取滿分時，我也想過這種成績一定是求職的利器，不過，有道是學海無涯，至今我仍然維持每天用功兩小時的習慣。」

每次遇到這種信念堅定、擁有與眾不同價值觀的人，我就會像打了氣一樣，變得衝勁十足。或許是因為牧先生正在做自己喜歡的事，光是聽他說說，我就跟著興致勃勃了。

「抱歉，我這個問題有點蠢，我也希望自己能講一口流利的英語，但在學習上

---

2 原本專指動漫次文化愛好者，之後被通用泛指熱衷、埋首於某個特定領域的族群。

就是無法堅持到底。請問你能持之以恆的秘訣是什麼呢？」

「很多人都有這個困擾，最重要的還是養成好習慣吧。就跟每天刷牙一樣，習慣成自然以後，就不必天天煩惱『等一下要不要刷牙？到底要不要呢？我看今天就先不要刷好了』。我想就是要做到這種程度吧……話雖如此，我知道這對很多人來說難度還是太高，實在辦不到。」

這個道理我再清楚不過了，因為我壓根兒就做不到啊，只好不斷點頭稱是。

「對了，菜菜子小姐為什麼可以看那麼多書啊？是因為崇高的理想嗎？或是強烈的意念？還是我都猜錯了？」

「我確實是看了不少書啊。我覺得，閱讀似乎已經成為我生活中的一部分了。不過，看書算是一種娛樂吧，因為很想看就看了，跟學習倒是沒什麼關係。」

「對我來說就等於是多益呀。」

朝著自己想要的方向堅定邁進的人，個性就是爽快。我也好想變成這樣。

之後我才知道，牧先生跟我同年紀，當我們聊到「現在正值青春，成年才是最青春洋溢的時候啊」，簡直是一拍即合。我同時也深切地感受到，牧先生孜孜不倦提升自我的意念，心想他一定會喜歡溝通專家山田ズーニー（Yamada Zoonie）的作品，於是推薦了《成人的小論文教室》。

這本書的內容是山田老師與讀者們透過書信往返，針對工作、想做的事、人際溝通等沒有標準答案的問題，誠實面對並逐一磨合的過程，同時也讓大家知道，正視問題、追根究柢後直面以對，是多麼美好的一件事。

我想這本書應該有助於牧先生更進一步探索自我，此外在工作上若需要輔導學生，或是聆聽對方傾訴困擾時，想必也能立即派上用場。

像這樣與日常生活中不可能遇見的人，聊聊我未曾聽聞的事蹟，實在有趣極了。或許是自己在工作上不順遂，所以這些人的發言，特別能引起我的共鳴。

加入X的網友們，多半都具備「資訊」、「創業」、「自由業」等其中一種背景，以連鎖書店、雜貨店店長為業的人則是幾乎不曾見過，所以反倒如珍禽異獸般新鮮稀奇。在店裡工作竟是少見的異數，這實在很難想像啊。

不過，就連我自己和身為上班族的網友見面時，也會大驚小怪地問：「咦？一般人為什麼也會想加入X啊？」對方則是苦笑回答：「菜菜子小姐自己不也是一般人嗎！」

說起來，實際見面後，才發現對方與瀏覽個人資料頁面時的想像截然不同，這種圖文不符的狀況還滿多的，在網路世界也算稀鬆平常（尤其是自行創業者）。每次約見網友時，我都深深覺得，人還是要實際見上一面，才會知道真相啊。所以，我對於不碰面只在網路上互動，就為對方推薦書，完全不感興趣。

就拿田口先生來說吧，他的個人頁面上寫著：「**我是打算創業的大學生！我們來交換訊息吧☆一起做些有趣的事!!**」怎麼看都像個不拘小節的爽朗男子漢。我們在X網站上約好見面，不知為何他指定要在Renoir[3]碰面。

我稍微遲到了一下，他一見到我，便起身行了九十度鞠躬，畢恭畢敬。田口先生如此多禮嚴謹，與個人資料給人的印象簡直相差十萬八千里呀。

打過招呼之後，我怯怯地問道：

「呃……有必要弄得像開會一樣嗎？反正我又不是田口先生的客戶，您不需要這麼多禮啦……」

「咦……這樣很奇怪嗎？是我失禮了嗎？」

「不，是您太多禮了。現在又不是什麼洽公的場合……」

「喔……您說的也對呢。我是以為您說不定有什麼工作要委託我……也許菜菜子小姐不必如此多禮，但我為了創業，必須建立人脈。來見面的對方，日後有可能成為我的客戶，所以我希望自己的態度能贏得對方的信賴。這也是我選擇在Renoir碰面的原因。假設菜菜子小姐要找人為您工作，日薪是一萬日圓，您會放心把工作交給跟您約在麥當勞見面，喝一百日圓芬達汽水的人嗎？」

我是沒想過這麼多，但田口先生的哲學，想必是他通行於世間的法則，我看還

3 創始於銀座的連鎖咖啡館，內部裝潢古典雅緻，以男性商務人士為主要客層。

是別給對方找碴了吧。

至於田口先生，為了籌措在 Renoir 見面的費用，清晨五點就得到超市的蔬果部門打工，然後再去學校，導致了慢性的睡眠不足。

「不過，我可不想聊自己睡眼惺忪在超市切菜等無聊的話題喲！我希望您看到的是一個充滿野心、聰明能幹的創業家形象！」

「嗯……不過，我倒是覺得您吃苦耐勞的一面比較吸引人呢。」

我不知道這個嘗試能否奏效，但我想還不至於毫無意義。就如同我最初以「詭異女子」的形象出道，抱持著重新找回自我的心情，開始在 X 網站活動，我想這裡或許就是大家做實驗的地方，讓自己試著去實現「我想這麼做」的願望吧？我在田口先生身上看到了自己，所以很想要支持他。

我推薦給田口先生的書，是小說家水野敬也的《如何成為「美女與野獸」中的野獸》。這本書算是戀愛指南，散發著濃濃的搞笑氣氛，但是再怎麼搞笑，依舊難掩作者超乎常人認真、嚴肅的一面，算是後勁很強的名著。作者一本正經的態度與田口先生十分相似，所以我很希望他能認識這本書。

亞美的個子不高，長相甜美，是個非常適合穿熱褲的性感女子。她說起話來嗲聲嗲氣，感覺不是很可靠。不過，在她萬人迷的外表下，隱約透著不安的氣息與黑暗面，手腕上還有幾道傷疤。

看起來相當親和的亞美，先開口說話了：

「我已經一無所有了。現在靠著社福單位的照顧過活。」

為了逃離有暴力傾向的同居戀人，亞美三個月前離家出走，借住在友人家。不要說家財了，她現在連家都沒有。亞美在居酒屋工作，她逃離的戀人剛好是居酒屋店長，所以工作也泡湯了。害怕目前的住處會曝光，她不敢跟同事聯絡，也不能隨意在社群網站上貼文。當初為了「籌措結婚基金」，賺的錢全交由戀人管理，所以她也無法到銀行提款。

狀況似乎很嚴重啊。

「可是我也不能一輩子住在朋友家呀。我跟父母的關係很糟，沒人可以依靠，簡直就跟遊民差不多了。我知道X網站，便拜託這裡的女性網友讓我借住一下！大家對我這個陌生人都很友善，真的非常感謝……只是我沒有錢，也沒有住的地方，看來只能去賣笑了。我也想過乾脆去借高利貸，然後租個房子，但左思右想，做一般正常的工作，根本無力償還高利貸啊。

「後來，我在X網站認識了千華小姐，她跟我說：『或許可以去找社福單位幫忙。』所以我現在已經去補習了，將來可以找照護方面的工作，住處也有了著落。我終於達成一個人生活的夢想了！」

「哇，竟有這種事！不過真是太好了，我知道社福單位有暫時安置的服務，不曉得連工作、住處都能提供協助呢。」

「對呀，我原本也不知道。好險，差點就要下海賣身了。」

亞美越講越開心，表情也顯得更開朗了，我們變得就像是普通朋友一樣。我的狀況當然不及亞美坎坷，但是，面對這種一般人一定覺得好可憐、好悽慘的狀況，我卻意外地冷靜、淡然，這一點和亞美還滿像的。在X網站裡，並沒有「不幸的人就該愁眉苦臉」的無形壓力。

亞美說她「想要看那種彷彿在黑暗中被狠狠刺了好幾刀，或是整個人被攝去了魂魄似的作品」，所以我推薦了漫畫家秋山喬治的《被捨棄的人們》。第一次看這本書時，我也被這個衝擊力強大的故事震懾得心神不寧。故事以耽溺於性愛的無賴男子為中心，描述一對男女渴望幸福，卻彷彿被綁住了手腳，只能在人間煉獄裡不斷掙扎，苟延殘喘。

這是一個歌頌人性的故事，看著男女主角悲鳴掙扎的模樣，內心不禁感嘆，這世上的任何一個人，都應該有獲得寬恕的權利啊！

有時候，唯有極度黑暗的作品，才能讓心靈獲得救贖。我想，這部作品想必也能療癒亞美的心吧。

X網站的每個人，都是「正在前往某處的途中」。工作一帆風順，家庭或愛情如魚得水，覺得自己正處於最佳狀態、心滿意足的人，都不會出現在這裡。想要辭掉工作，想要創業或轉換跑道、重新啟動人生，覺得現在的自己不太對勁，應該要有所改變……大家有禮貌地交換內心的不安，彼此都卸下一些些心防，就這樣逐漸形成了同溫層。

或許，這也是我們所處現實世界的縮影？

花三十分鐘聆聽他人的人生摘要，或是花三十分鐘分享自己的人生摘要，在有限的時間裡，挑戰自己能潛得多深，也是一種樂趣。抱住繩索一躍而下，潛至湖底深游一陣後，瞬間伸手一拉，身體再次向上浮升。這一小段的時光，閃耀著特別的光輝。

今天要見面的對象，是從事ＩＴ資訊業的江崎先生，他經常要往返位於橫濱的共同工作空間（coworking space）。所謂的共同工作空間，我並不是很了解，只知道是一種共享的辦公區域。

「目前大概有十個人定期在這裡聚會，一起玩心理遊戲。妳知道『狼人殺』[4]這個遊戲嗎？」

「從來沒聽過。」

「他們約我下次一起玩，到時候你也來吧！這群人都很好相處。」

幾天之後，我便前往從橫濱車站步行約十分種的神秘設施T赴約。江崎先生把我介紹給大家認識。

「我和菜菜子小姐是在X網站上認識的。她會向見面的網友推薦適合的書，是網站上的大紅人喔！」

啊，原來可以跟非X網站的人說，我們是在這裡認識的呀！我有點驚訝。而且還誇我是大紅人耶，讓我也挺開心的。

更令我吃驚的是，T這個現場的所有人都知道X網站的事。

「真厲害呢！我也很想加入，只是一直沒去申請會員。」

4　一種多人參與的益智心理遊戲，玩家被隨機分為「狼人」與「好人」兩個陣營，遊戲中除了狼人知道自己的同伴是誰，其他人都不知道彼此的身分，只能透過語言交流、邏輯推理和心理對戰等方式，來研判誰是敵方陣營並加以殲滅，現在已開發出手遊版本。

「我也常在X網站活動，下次請幫我推薦書吧！」

大家都認為交友網站很普通，沒什麼稀奇。但是我從未邀請公司的同事加入X，也沒跟大家提過自己正在做的事，而這裡的人卻似乎都認為交友網站稀鬆平常？是因為共同工作空間的關係嗎？還是ＩＴ資訊業的人都這樣？

總之，那天學會的「狼人殺」真是太好玩了，之後我就一頭栽進這個遊戲裡，經常往Ｔ跑。這裡的一切，都是我未曾見聞的新知識。大家都帶來自己的筆電（當然都是Mac的超薄型筆電），做自己想做的事。

這裡的人說起「啊，我昨天做了〇〇的ＡＰＰ喔」，語氣就像是一般人隨口說自己「前幾天去了IKEA買東西」，那般雲淡風輕。

原來是有人開發了ＡＰＰ，而且已經上架。設計ＡＰＰ難道那麼簡單嗎……？

我原本並不怎麼關心ＩＴ資訊業，但自從和這些人近距離接觸後，我對這個業界的工作也慢慢有了一些概念。

一直以來，我想像中的ＩＴ資訊業都是「時髦又流行的工作」、「不論需求或市場規模都日漸擴大，獲利豐盈」、「是一種可以在咖啡館或家裡工作的新時代工作模式」之類的樣貌，卻從未仔細思考其中的個別落差。比起每天喃喃詛咒自己「要毀了、完蛋了」的「紙本」業界，ＩＴ資訊業的前途可是大放光明。

實際上，這當中有不少人是剛加入的新手，為了奠定根基，每天辛勤奔忙，只期望能有穩定的收入與市場。看來這些人的前途，不見得比在書店工作的我光明多少啊。

「程式語言這種東西，每隔幾年就會產生變化。所以，就算對現在使用的程式語言非常熟悉，幾年之後它就被棄如敝屣了。如果學不會下個世代的新語言，馬上就會被迅速掌握的年輕人取而代之了。」

「某人之前製作的○○遊戲，幸運押對了寶大賺一筆，一般人聽了，一定認為這個行業的錢很好賺，卻不知道光是研發就進行了大半年。在以前，這個人如果是在遊戲公司上班，公司的下個大案子或許還會指定由他負責，但現在的景況是，即使製作了大賣的遊戲，下一件作品也不見得就會獲得青睞。沒有人敢保證，同一個人製作的下一件作品，一定也能吸引大批玩家。」

「目前算是手遊的黎明期，即使是我們這種無名小卒，多少也有辦法賺到錢。等到大公司來插上一腳，我們就嚐不到甜頭了。」

第一次見面時，我覺得這些人看起來自由自在，感覺非常酷。不過，這個世界畢竟不可能只靠光鮮亮麗的外表就得以生存啊。即使如此，這些人緊握自己方向盤的姿態，我還是覺得帥氣十足。

這段期間，包括在T遇見的人，我認識進而結交的朋友呈現爆炸性的成長。一來是因為在T學會的「狼人殺」遊戲，必須要集結十個人以上才能進行，因此到處都有遊戲隊伍在招募隊員：「不認識也無妨，歡迎加入。」這一點倒正好符合我的需求與行動原則——此刻的我，對於新世界的「所有一切」都深感興趣，因此只要有機會，我就會欣然參與。

在這個世界裡，大家都知道我總是一個人來，建立交情後，他們也會邀請我參加其他聚會，或者剛好有多餘的門票，問我要不要一起去看戲或演唱會、參加活動等。參加這些新朋友的活動、讀書會，或是轟趴……我邂逅他人的管道，也跟著無限繁衍。很多時候，我甚至不知道一起玩的人是做什麼工作，也不知道對方的真實名字。

這段時間我四處遊走，混在一堆陌生人當中，卻一點也不覺得痛苦。萬一來到了不太自在的場合，可以先觀望一下，看看有沒有適合聊天的對象。一時找不到的話，也不要玩手機，露出明顯的無助表情，乖乖站在原地就好。這時候，場子裡的要角多半會出聲招呼，邀請你一起加入。這和X網站的約見一樣，只有剛開始時覺得生疏，之後大概就能一如平常地聊天、交流。

如果在一大群人的環境裡無法順利融入，或是加入了人群卻接不上話題，起初一定會覺得沮喪，甚至畏懼。但是，原本就不可能每次參加聚會都和眾人一見如故啊。而且，有不少聚會其實都滿無聊的。事先做好這樣的心理準備，屆時就算無法順利跟大家打成一片，也就不會那麼害怕了。

不必強迫自己要融入，只要在真正想笑的時候笑一笑就好，反而落得輕鬆，這就是我後來學會的處理方式。

不知不覺中，如我所願，我的心恢復元氣了。

然而，因為分居中的先生，使我的心情再度沈入谷底。它就像漆黑的墨水在心中滲開，吞噬了原本在內心跳躍的快樂音符。

為了在這個熱鬧喧囂的世界生存，我只好不斷地將愉快的事往心裡塞，提高內在的快樂濃度，向上層層堆疊。即便夫妻問題不停將我扯回原地，我還是繼續在另一個天地努力吸收著新世界，讓那個開朗而明亮的我，撐住這一個我。

我也知道，自己只是一味地靠這些開心的事，逃避那些不願面對、卻應該處理的問題。

可是，已經無路可逃的我，應該怎麼做，才能夠活下去呢？

第5章

通往新世界的大門，逐漸寬廣起來

為了脫離狹隘的生活，我一腳踏進了X網站，

稍微推開門，我看見遠一點的前方，還有另一個「書店員」的世界。

試著走進這裡，我發現每個人都很有個性，很認真地想著怎麼賣書，

他們有著一樣的煩惱，也懷抱相同的希望。原來，我的同志們就近在眼前！

當然，也不是每次的會面都動人心弦。

這個世界不太可能只存在一種溝通方式，僅僅交流良善的部分。而且，我更不可能和所有的人都氣味相投。

某個休假日，趁著去新宿購物時，我順便刊登了一則TALK訊息。

由於約定的時間是有點微妙的平日午後，只有一個姓今野的男性來申請。他是剛加入X的新手，因此連一則「已見面」的評價都沒有。他的個人資料上寫著「**興趣是寫作，所寫的小說正在Kindle販售中**」，我心想應該可以跟他聊聊書，雖然也有一點擔心，還是勇敢按下了ＯＫ鍵。

出現在咖啡館的，是一個身穿鬆垮運動衫，頂著一頭黏膩黑色長髮，感覺有點陰沉的男人。

「能……能夠跟這……這樣的女生聊……聊天，真的很高興。呼呵呼呵。」

我心想：喔，遇到新類型了。我試著跟對方聊聊，但今野先生的聲音太小了，我幾乎聽不見，只能勉強聽到他「呼呵」的笑聲。基本上，對方不會主動找話講，我提到了電子書的事，他就拿出 iPad 給我看。那是只有四頁左右的短篇故事，類型大概是偏戰國時代的科幻作品吧。我實在想不出話題，只好認真讀著這篇小說，可惜內容實在過於支離破碎，完全不知所云。

在 Kindle 上，這篇故事要價一百日圓。

「賣得好嗎？」

「啊……非常不好。怎麼辦呢？你可以給我一點意見嗎？譬如應該這樣改、那樣寫的？」

也許是稍微放鬆下來了，對方的音量終於到達我能聽見的程度。

「唔……好的。」

這麼說有點抱歉，但唯有此刻，我衷心希望三十分鐘快點過完啊。相對地，其他人都不會讓我有這樣的感覺。

另一次讓我困擾的狀況是，在約定地點等著我的人，竟然有四位。跟我約見的是其中一位吉木先生，這四個人都是在 X 網站結識成為好友，會定期聯絡、維繫感情。吉木先生決定跟我見面後，大家便起鬨說要一起去，結束了再結伴去喝一杯。

「因為菜菜子小姐太紅了，大家都吵著想跟您見面，請您推薦書。不好意思，這麼多人一起來。」

的確，當時我因為更新了個人資料，加上非常認真地推薦書，在X網站的人氣排名不斷攀升，甚至和一些有名的創業家或老鳥並列最佳十人榜。獲得注意我當然很開心，卻不喜歡受到這樣的對待。我覺得一對一的交流能夠細細咀嚼其中的醍醐味，要來得有趣多了。況且再怎麼說，如果有其他人要加入，至少該禮貌性地先告知我「還有人想一起參加，方便嗎？」這樣才對吧。

我們約定的地點是某間咖啡館。這四位應該很早就到了，桌上散落著空的餐盤與玻璃杯。

「菜菜子小姐，你還沒吃飯吧？想吃什麼？還好我們都吃過了！這家的漢堡似乎滿好吃的。」說得好像我是聚會遲到的那個人。一堆人一起聊天，話題也就跟著失焦，加上這幾位彼此都很熟了，結果是我成了眾人詢問的對象。只見他們自顧自地彼此說說笑笑：

「我也希望菜菜子小姐推薦書給我～」

「你看漫畫就夠了啦！」

「幹嘛這樣啦，討厭！」

感情這麼好，你們幾個自己聊就好啦！我越來越煩躁。真想趕快回家。三十分鐘一到，我把冰紅茶一飲而盡，手機收進包包，打算從這股剪不斷、理還亂的氛圍中抽身。這時候，吉木先生突然說：

「啊，對了，機會難得，我們一起拍張紀念照吧！抱歉，可以幫個忙嗎？」他大聲叫喚店員。

「紀，紀念照？」

「我覺得X網站是全世界最棒的地方！能夠像這樣結交一群好友，今天還有幸見到菜菜子小姐！今後請你一定要再跟我們一起吃喝玩樂喔！等下真的不能跟我們去續攤嗎？待個三十分鐘也行。」

「今天真的不方便……對呀，我也覺得X網站很棒，可是我很不喜歡拍照，抱歉，我先走囉！大家請繼續開心玩吧！」

我站起身來，將自己該付的飲料錢留在桌上。

「什麼，你要走了？那拍照……」我把這些聲音拋諸腦後，速速離開咖啡館。我才不想跟你們玩什麼相親相愛的遊戲咧。如果你們是一個一個來見面，或許我們還有機會成為朋友。

此外，遇到無法敞開心胸的人，共度的時間也是一場煎熬。

涼子是哲學系的大學生。我們約在表參道的咖啡館，期間她陸續發來好幾次簡訊說「我會晚點到」、「我就快到了」，等她現身時，已經比約定時間晚了三十五分鐘。

「不好意思，我遲到了。」

「沒關係……我剛才還很擔心呢，想說妳該不會是找不到地方？跟我說一聲，我就去接你了。」

我先以笑臉釋出善意，倒是涼子一進來就忙著看菜單，臉上既沒有覺得抱歉的神情，也不見笑容。她的態度讓我有點困惑。

我心想，只要在剩餘的時間裡聊得開心也就行了，於是先禮貌性地詢問：

「涼子小姐還是學生吧？你的個人資料寫著正在念哲學系，請問這個系大概都是念些什麼呀？」

「我目前是一年級，才剛開始念，所以感覺還很籠統。」

「喔，這樣會覺得無聊嗎？你是原本就對哲學有興趣嗎？」

「嗯，算是吧……」

「你覺得X網站如何？為什麼想要加入呢？」

「沒什麼，就是想加入看看……」

「是喔，加入之後覺得如何？有趣嗎？」

「我……還不知道耶。」

我們之間的對話，大概就像這樣。對方既不想答腔，也不願找話題。這種交談真的很令人抓狂。

我心想：你今天到底是來幹嘛的啦！

雖然我沒有義務為了對方東聊西扯，拚命找話題，但是像這樣對話冷冷清清，無法挖掘出對方有趣的一面，讓三十分鐘白白流逝，浪費的也是我的時間啊。有一搭沒一搭地聊天，既無法讓我展現真正的自己，也沒能接觸到對方內在的核心，事後想想真是懊惱啊。還沒有好好了解對方，時間就到了，這種入寶山卻空手而返的惆悵，倒也不時發生。

如何單刀直入、正中要害，讓對方在短時間內說出自己想要知道的訊息，這樣的技巧十分重要。只是，太擅於一針見血也有缺點，譬如在工作等正式場合和人交流時，就會覺得那些虛情假意的場面話實在太無趣了。

先撇開以上的話題，在所有約見X網友的活動中，最令我抓狂的，就屬跟藤澤先生的交流經驗了。

藤澤先生是住在仙台，年紀比我稍長的男性，他來到東京出差時，就會使用X網站。工作完隔天，他通常會請休假，在東京四處晃晃再回仙台，因此即使時間很晚了或是地點在橫濱，他也能配合，我們就約好要見面。

約好之後，我才想起橫濱黃金町的電影院有一部當日限定，而我非看不可的電影上映。我不想毀約，但又不想放棄電影，於是便邀約對方，如果他也感興趣，要不要一起去看？藤澤先生爽快地答應了。看完電影後，我們隨意吃個飯，還喝了點酒。雖然電車已經收班，反正我搭計程車很快就到家了，就放心地當起導遊，陪著藤澤先生在橫濱的夜路上散步。

藤澤先生說過他是來東京出差，因此我理所當然認為他已經訂好住宿的旅館，後來一問才知道他打算去住網咖。橫濱的網咖不多，再加上是週末，我擔心沒有空位，於是趕緊跟他說。藤澤先生打了電話確認後，低聲跟我說：每一家都沒有空位了。他對這一帶並不熟，我想起之前離家出走時曾經投宿石川町的青年旅舍，便幫忙打電話詢問，幸好還有空床位。我跟藤澤先生說了地址，送他上計程車，之後我也搭了另一部計程車回家。

隔了兩天，我發訊息推薦了澤木耕太郎的《深夜特急》給藤澤先生。

藤澤先生曾經告訴我，前一陣子他利用休假，背起行囊去印度旅行了一星期。

他興奮地跟我分享了在印度時思考的事，以及旅途上發生的趣聞。《深夜特急》是一部以一九七〇年代為背景的遊記，至今仍是許多背包客的必讀聖經，作者熱情洋溢卻不偏頗的視點，讓人讀來輕鬆自在、毫無壓力。

比起任何一本遊記，這部堪稱始祖級的經典作品，更能讓人真實感受到旅行的愉悅氣息，忍不住一頁接著一頁讀下去，隨著作者探索一段段旅程。

藤澤先生曾說：「撇開奇怪的神聖化色彩及偏見，我看見了真實的印度。」我想，對於正考慮下次還要再去某處旅行的他，這是再適合不過的一本書了。

「我喜歡這本書，但一直提不起勁閱讀。既然你推薦了，我就半信半疑（抱歉啊）地拿來翻一翻，發現這本書非常、非常有趣，一下子就把六冊都看完了。旅行果真是件美好的事呀！」

收到藤澤先生的這則回覆後，我們就再也不曾聯絡了。

突然有一天，我收到一封主旨為「好久不見」的email。

「與菜菜子小姐在橫濱共度的那個夜晚，對我來說是相當特別的回憶……我把

當時的事寫成了一篇文章。不好意思，文章的內容有點長，或許還有點自我本位，但我想菜菜子小姐讀過那麼多書，是否可以就這件作品，給予一些評價或感想？」

這時，我內心突然冒出一種不好的預感。可是我又不能跟對方說：「我拒絕，因為有種不好的預感。」只好下意識地以輕鬆的語氣回覆，硬是把不祥的預感壓了下去：「哦，是什麼文章呢？我都可以的，如果你覺得我能幫上忙的話。」

對方寄來的是一個 word 文件檔。文章劈頭就開始描述，那一夜我如何跟著藤澤先生搭上計程車，緊緊抱住了他，嬌喊：「人家好寂寞喔，不想回家。」是一篇洋洋灑灑，總計九十頁的情色小說。我越讀越覺得噁心，而且相較於冗長又直白的性愛場面，我著魔似地輕撫著藤澤先生的小腿說：「摸起來好滑，好舒服……」這種描寫方式更是讓人吐血。

也不知道從哪兒冒出來的一丁點希望（大概是越害怕就越想看），我還想著說不定看到最後，會發現這篇小說其實還滿有趣的？於是便忍住直想翻白眼的心情，整篇看完了。最後是我懷了那個人的小孩，以單親媽媽的身分生下孩子，對方則強忍悲痛與我分手，選擇回歸家庭。這種結局說是二十一世紀最老派的大爛尾，還抬舉他了呢！毫無閱讀價值，只是一篇不入流的廢文罷了。

憤怒、厭惡、失望……各種情緒頓時湧現。

我除了怨嘆「為什麼推薦書給人家，卻要遭受這種對待？」同時也不斷怪罪自己：「幹嘛答應對方寄這種東西來！」

難道我也有錯？當時我有表現出「其實不太樂意，只是基於好意勉強答應」的態度嗎？還是說，我應該更明確地表達拒絕的意思？可是，到底要多明確呢？

……我發現，我竟然責備起自己來了。

沒想到，當人遇到這種烏煙瘴氣的鳥事，自責起來竟會像是在說別人一樣。

喜歡誰、想把誰當成性幻想對象，都是個人的自由。可是，故意讓對方知道這些念頭，又是另一回事了。要我閱讀這篇文章，到底是想怎麼樣呢？難不成我會以為「好巧，自己也出現在小說裡耶」，然後說「呵呵呵，好有趣喔！真令人怦然心動☆」？還是他真心認為，我會「就小說而言～」，正經八百地給予嚴正的批評？

難道說，對方以為這樣做我會很高興？

不，我想對方從來不曾考慮「我」的感受。他就是想幻想就幻想、想寫就寫，想寄就寄。對方根本沒把「我」當人看待，這種肆無忌憚的作為，比心懷惡意還要可怕。

也許對方想說，又不是直接肢體接觸的性侵害，不喜歡的話，別看就好啦？被毫無好感的人寫成這副德性，還寄過來要求我「看看內容」，我想對方應該是完全沒想過，我可能會覺得反感。

一方面是因為牽扯到性，讓我覺得沮喪，但比起性，想起當初的那段交流就此灰飛煙滅，更讓我灰心喪志。

在橫濱度過的那個夜晚，我們建立了正常的交流，也共處了一段愉快的時光。在當下那一刻，我對藤澤先生是百分之百地信任啊。

我完全不想寫 email，將自己此刻的心情回覆給對方。

關掉 email，關掉電腦電源，我趴在棉被上。

今後，不要再和 X 網友見面了吧？我想。

回顧起來，透過X網站跟我見面、也讓我推薦了書的網友，目前已經有五十位了，其中大部分的經驗都是正向、美好的。不過，就算見面過程還算順遂，但我猜也有一些網友其實是「想跟女性網友見面，才會說自己想看書而前來申請，但平時並不看書」吧？至少最初見面的那兩位，就真的給我這種感覺。這樣一想，突然覺得自己所做的一切，終究是白忙一場。

但我馬上又抹去這個念頭。也不算是白忙一場啦。

說實在的，就算對方居心不良，那又如何？我有什麼立場，像個被害者似地不停抱怨？在這個大家都能自由進出的園地，有規定不能期待發生任何男女方面的關係嗎？寄送情色小說之類的行為當然不可取，但是說穿了，其他人也只是沒做到這個程度罷了。反觀我自己，不也是為了奇怪的修行，而利用了X網站？

每一本推薦的書，都是我深思熟慮得出的結果，推薦之後，我當然希望對方會感興趣，甚至實際去閱讀。但老實說，之所以如此認真選書，也是因為我單方面對這件事很熱衷。仔細想想，人家的目的既然不是書，我拿這個來抱怨，似乎就沒什麼道理了。

相形之下，我嘴上一直掛著書書書，我到底是跟書有什麼關係啦！書的親善大使嗎？

不斷自問自答後，我發現很多事情也只能隨它去了，於是大大嘆了一口氣。

總之，我的修行還是會繼續，但不宜再夾雜「虧我那麼用心為你選書推薦！」這種不必要的感情寄託，只要我自己對書抱持興趣就好了。

至於對方要不要讀，都無所謂。網友們給了我鍛鍊修行的機會，我心存感激。除此之外，就不要再有其他的情緒了。

對於今後的事，我與先生的共識相當分歧，彼此漸行漸遠的感覺越來越明確。每個月碰一次面、一起吃個飯的時間，逐漸成了一種煎熬。

跳過場面話、進入主題談起正事時，我的發言就開始出現情緒性的字眼：

「你只關心自己，有沒有想過我的感受？」

我一說出重話，先生就只是像默認般低著頭，兩人的對話也因此中止。

這支射出去的箭，同樣也傷了我自己。如此大放厥詞，不正表示我同樣沒有考慮過對方的感受嗎？我想原因就在於，我們一直不願真正去面對問題吧。

我有資格責備藤澤先生嗎？我跟先生同住在一個屋簷下，結果兩人的關係竟然是：對方的心裡沒有「我」，我的心中也沒有「對方」。

如果連和另一伴都做不到，那麼到底要和誰，才能構築出「你中有我，我中有你」的關係？其他人呢？是否都已經建立好這種關係了？

我慢慢減少登入X網站的次數了，不過倒不是因為藤澤先生的事而大受驚嚇。

剛開始接觸X時，我因為一連串的緊張和驚訝而目瞪口呆，不管看到什麼都覺得新鮮有趣，這就是我的「與未知相遇」。

這裡的每個人都是那麼獨特，大家的故事也各自精彩。無論跟哪位網友見面，總有可能碰上話不投機或意見相左的時候，但我並不會因此覺得這段時間「很無聊」。倒是逐漸習慣了與人見面並且推薦書之後，我發覺自己好像只是不斷重複做著相同的事。認識的人增加了，我當然開心，我開始默默想著，是不是該把目標放在突破百人？但我又不想為了達成目標，硬是去做這件事。

與X網友見面，加上因為共同工作空間T而一直擴大的交際圈，我的假日幾乎是行程滿檔，我也終於動了起來，準備尋找新工作。

只是，一旦開始求職，我發現人力銀行網站裡並沒有適合我的工作。

自從在X為網友推薦書，我覺得自己是真心喜歡書，想找書籍相關工作的念頭也越來越強烈。然而，一般大型連鎖書店幾乎不會招募中途轉職的人；出版社的編輯、業務等職位，也都需要有相關經驗。根據我的資歷，以現職「零售業店長」自動篩選配對後，人力銀行的「推薦工作」都是連鎖飲食店店長之類的職務。這些與書無關的工作，我完全沒興趣啊。

後來，我還是偶爾會跟遠藤先生一起喝茶，休假時去澀谷或原宿吃個飯，交情也越來越深了。

我也曾想過，我們是否會發展成戀愛關係？只是，偶爾和遠藤先生透過 LINE 聊天，我們之間從未出現過「好想見你喲」、「你現在在幹嘛？」這種類似戀愛前奏的氛圍，而且遠藤先生的回覆永遠只有一行字。不過，我也不認為他在逃避我，因為當我發 LINE 問他：「**要不要一起去吃個飯？**」他幾乎都是回覆：「**好哇！什麼時候？**」

雖然同樣只有一行字。

不太懂得如何向別人吐苦水的我，不知怎地，獨獨能對遠藤先生直言不諱。

「我還是希望能在書店、或是跟書相關的行業工作。雖然大家都說，現在書店很不景氣，別說車站前的小書店了，即使連鎖書店也是一間一間倒。書這種東西，單價便宜、利潤又低，真的是賺不了錢啊。因此一般書店都沒打算招募新員工。」

「嗯—書店啊……我是不會去書店啦，除非沒有電子書，我才會買紙本書，但我也是選擇在亞馬遜網站買。紙本書其實很麻煩，像《週刊少年Jump》這種在超商買的紙本漫畫雜誌，看完之後，我都是隨手留在電車的置物架上，不會帶走。書店，有必要存在嗎？為什麼要有書店呢？」

「為什麼要有……嗯，為什麼要有書店啊……」

「非得是跟紙本書有關的工作才行嗎？」

「也不是啦，網路上的也行……像是『網路書店』之類的，或是在部落格或個人網站介紹書，同時附上亞馬遜的購書連結，又或者是聯盟行銷[1]……是這樣說嗎？總之，類似這樣的工作應該也行吧？」

「不成。書的分潤大概只有銷售額的三%，我覺得這樣很難維持生計。想想，一千日圓的書，賣出一本才分到三十日圓，一個月想賺三十萬日圓的話，不就得在

1 類似「業配」模式，廠商與負責推廣的個人、部落客等合作結盟，推廣者為廠商賣出商品後可獲得分潤。

一個月內賣出一萬本？這很困難吧？我覺得你應該想想，還可以跟什麼結合。嗯，可以跟哪些呢～情色？偶像？哎喲，聽起來好普通喔。」

遠藤先生說這些話時，感覺是很開心地跟我一起想辦法，完全不帶負面情緒。

「對耶，可以做點結合。我看那些新開的書店，幾乎都是和餐飲、雜貨結合，或是辦活動之類的。如果是我自己開店，倒是可以考慮書店結合小酒館的模式？」

「喔～這樣也不錯呀。那麼，接下來就是收支的問題囉？

「假如店面的租金是二十萬日圓，還有住宿的房租……節省一點的話，大概是六萬日圓。一個客人的消費額是三千日圓，假設來了十位，那麼一天的營業額應該有三萬日圓左右，一個月的營業收入就有九十萬日圓囉？可是還要排公休日呀，所以應該會再少一點。一天營收三萬，似乎也有點勉強……另外，還有酒和食物的成本，以及……書的進貨？嗯——還有，手邊要留一些現金嗎？

「幸運的話，『小酒館書店』可能會有雜誌來採訪，甚至引發話題。可是看了雜誌報導慕名而來的愛書人，也就是菜菜子希望吸引的客人，不太可能天天都報到吧。所以還是得仰賴當地人，或是住在附近一帶、到店裡不會太麻煩的人來消費。

但這樣一來，上門的客人就不一定都對書感興趣囉。一旦收入難以支應正常生計，你會不會怨嘆：『這和我想像中的不一樣！』到時候又該怎麼辦呢？」

遠藤先生勾勒出一個簡單易懂的景象，讓想要獨立、靠一己之力活下去的我，能夠從大方向具體地思考。

「你說的很有道理耶。那麼，我該怎麼做才好呢？」

「唔，我對書店不是很懂，也不知道開書店到底好不好。不過呢，無論菜菜子做什麼，應該都會很順利吧？」

遠藤先生一臉明朗地看著我說。

「欸，你說這話是在敷衍我嗎？」

「不是。仔細想想，你在X網站不也是把自己的概念經營得有聲有色？你原本連臉書都沒玩過耶！但你卻能以自己的方式，設法讓這個概念在網站裡成功地蔚為風潮，使大家口耳相傳，讓你推薦過書的網友，滿意度也很高。既然你能把自己經營得那麼好，獨立生活想必也不成問題吧？」

「我在X能順利發展，是因為身邊的人提供了許多建議，還幫我修正軌道啦。」

「這樣就更有理由獨立啦！雖然是別人給的建議，但還是要菜菜子採取行動，才有辦法實現啊。自己創業，當然會比待在公司裡更辛苦，但是一定有很多人願意助你一臂之力，甚至出錢資助呢。」

「嗯……這主要也是因為X網站是免費的服務。遠藤先生是具備影像方面的才能，而這項才能在市場上有一定的價值，所以才能夠獨立呀。」

我不斷地唱反調，遠藤先生於是歪著頭說：

「不管在哪個業界，都看得到那種頂著顧問或諮商師等頭銜的人，跟外行人說些沒什麼內容的話，然後向學校或企業索取五萬、十萬日圓的費用。這種人還滿多的，菜菜子加入X之後或許也遇過。我是不清楚書店的狀況啦，但要是如法炮製，當個『什麼之類的諮商師』，應該也會滿有賺頭吧？」

聽對方說自己是有能力做這種事的人，真是既高興又鬱悶，內心五味雜陳啊。

「不要！我才不要變成靠這種沒內容的工作賺錢的墮落大人！」

我覺得這種作法太可恥了，於是半開玩笑地嚷嚷，簡直就像個國中生。

「那麼，對菜菜子來說，最重視的工作原則是什麼呢？」

「就是應該要全力以赴……之類的……」

說出口之後，我自己反而害羞地噗哧一笑。

「那就當個全力以赴的諮商師，不就好啦！」

我不知道遠藤先生是在說笑，還是認真地給我建議。不過聽他這麼說，我覺得壓力全消、身輕如燕，也慢慢看清楚，現在待的這家公司並非是我唯一的選擇。

之後，我便趁著上班遇到出版社的人時，順便探問：「其實我打算換工作……您知道哪裡有在找人嗎？」為了避免對方接不上話而尷尬，我會再順便提起X網站的事：「因為工作不太順心，最近我開始上交友網站，幫見面的網友推薦書……」

而一說完，對方的反應通常都是大感興趣：「什麼？交友網站！」

不論在哪裡提到交友網站，似乎都沒有問題耶！看來我大可放心了。我於是大方分享自己在X網站推薦書的事，不少人都覺得很有意思，實在令我大感意外。

當然，聽到我上交友網站，大部分人都覺得很驚訝，甚至有人笑了出來：

「交友網站安全嗎？」

「有沒有怪杯杯出現？」

「或許有壞人，要當心喔！」

這些擔心都很正常，我也就給了一般常識性的回應：

「嗯，沒問題喔，謝謝你的關心。」

不過，還是會遇到例外的狀況。那些中年以上的大叔，反應倒是都差不多。

「可是，不曾有過email之類的往來，就直接去跟網友見面，太危險了吧？」

「咖啡館裡人還滿多的，應該不會遇到可怕的事。」

「萬一被跟蹤呢？調查你住在哪裡之類的？」

「這樣的話，確實很恐怖。但是，日常生活中也可能碰上這種風險啊。」

「有的人看起來是很親切，但心裡想些什麼，你根本就不知道。男人是下流的動物，都會心懷不軌啦！所以你千千萬萬要當心哪！」

剛開始我還能勉強擠出笑容，但聽到後來，臉上不由得出現三條線。

他們完全沒考慮過我的感受，只是一味地告誡我：怎麼會沒想到這樣可能惹禍上身？其實我很清楚，這個世界是什麼模樣啊。

很多男人確實是心懷不軌，有些人對此毫不掩飾，甚至還有些人，像是我最初見面的土屋先生及廣司先生，連「不上床，和你見面就沒有意義了」這種話，都能若無其事地說出口。

絕對有人抱著這種居心，但我相信，在與這些人不同的其他頻道上，還是能找到值得發展友情與信賴關係的朋友。

對交友網站不熟悉的人，一提到「與不認識的女人見面」，直覺反應就是「可能發生性關係」，除此之外別無他想。我好想讓他們看看我所認識的X世界。素昧平生的男女一對一見面，也可以只是閒話家常、開心聊天，感受到人與人之間的親切與善意。

這是我幾個月來的親身體驗，有好，也有壞。

比方說，我要是提了藤澤先生的事，成見很深的人或許會說：「看吧，就是會有這種事發生！」然後露出一副得意的姿態：「我說得沒錯吧！」

所謂「不入虎穴，焉得虎子」，你憑著貧乏的想像力加上電視、網路的訊息，推論「交友網站很危險」、「男人都有下流意圖」，這些狀況確實存在，但我的生活卻也因為邂逅陌生的網友，漸漸擺脫了泥沼。這一路走來的日子，對我而言是如此耀眼、燦爛。因此，那些與事實頗有差距的勸言，就像是落在地面的塵埃，我毫不在意。

撇開要應付上述這種頑固的中年大叔，其他的際遇倒都是些好事。

首先，我已經被認定是怪咖書店員。「我改天要跟○○書店員出去喝一杯，花田小姐要不要一起來？這位○○超有趣的，她也會在自己店裡辦展覽、做宣傳小冊子之類的，我覺得花田小姐跟他一定合得來！」

越來越多網友會像這樣順便幫我邀約，熱情地將我引介給其他人。原來呀，只要稍做改變，即使待在同一個地方，也能從此衍生出更寬廣的人際網絡。

當初，為了脫離 Village Vanguard 和老是繞著書店打轉的狹隘世界，我一腳踏進了X網站。稍微推開門，我見到在遠一點的前方，還有另一個稱為「書店員」的世界。試著踏進這裡，我發現每個人都很有個性，都很認真地想著該怎麼賣書。他們有著一樣的煩惱，也懷抱相同的希望。原來，我的同志們就近在眼前！幹嘛不早點告訴我啦！

這些人透過我以往敬而遠之的社交網站，打破公司的藩籬，彼此橫向串連了起來。走進這個世界，放眼望去，每個人都做著了不起的工作，並且受人尊敬。

引領我通往新世界的大門，又增加一扇了。

第6章

終於走到最後一關，要挑戰大魔王了

就像這樣，持續和陌生人建立良性的交流，

或許有一天，不論是誰，我都能與對方結為朋友吧⋯⋯？

如果我能和任何人成為朋友，最想見的人會是誰呢？

這個不經意在腦中浮現的問答遊戲，答案竟毫不遲疑地跳了出來⋯⋯

陸續和五十位素不相識的網友單挑（一對一聊天），我原本修行的目的（？）——「向陌生人推薦書」的技巧不但日益精進，附帶產生的作用也相當明顯：「與陌生人聊天」的困難度不斷降低，甚至可以說是幾近於零。

我在這段期間，參加了生平第一次的「聯誼」。男士們紳士般的舉止，以及聯誼的形式之美，都令我印象深刻。但在另一方面，我覺得「四對四聊天的形式，實在是溫馨過頭了」，我平常與人見面交流時的旺盛戰鬥力，完全無用武之地。

我坐立難安、蠢蠢欲動：「就算是『猜猜學生時代參加哪個社團』也好！真想快點切入重點！」卻又得按捺住這股躁動。「如果是一對一，我早就這樣那樣，不斷進攻挖掘了……但是，我不能破壞目前這種平和的氣氛啊。」只好笑笑地聽大家說話，偶爾無傷大雅地搞個笑，勉強融入聯誼的氣氛中，終於撐到該回家的時刻。

大夥兒在新宿車站南口笑著解散後，我又再度成為一個人。我想，在這附近走走，遇到覺得不錯的人，就邀對方一起去喝個茶之類的，也比參加聯誼更有建設性吧？不過，我也知道為什麼絕大部分的人都不會這樣做。

一旦出聲邀約，對方想必很納悶：「這個人想幹嘛……是什麼教派嗎？還是做直銷的?詐騙集團?酒店小姐?仙人跳?色情狂?還是以上皆非的變態?」根本不會停下腳步理你。但明知如此，卻還是堅持「實際試試看，說不定會成功?」，事態往往會朝意料之外的方向發展。

黑岩先生是我首度採取主動，「想方設法」要結為好友的男性。某次，我參加了一場約有五十人的活動，黑岩先生是主辦者，整場活動中他顯得穩重大方，完全不見ＩＴ系男子特有的懶散隨性。黑岩先生說起話來慢條斯理，還帶點幽默感，頗具魅力。我對他的第一印象是：既然是名人，想必是高不可攀吧。他偶爾會在X網站的TALK頁面登錄，所以我見過他的名字，原來本人是這樣的呀。

雖然高不可攀，但如果能跟他做朋友，一定很有趣吧?我想。

到了活動結束後的自由聊天時間，他的周遭還是圍著一群人，我趁隙突破了人牆，終於靠近黑岩先生身旁。

「我是第一次參加活動，好熱鬧啊。」

「真是託您的福了，感謝感謝。」

「我也有加入X網站，是網友告訴我這個活動的訊息，所以今天就過來看看。黑岩先生偶爾也會來登錄吧？我很想和您見見面，可惜時間一直沒辦法配合。」

「是這樣嗎？其實我很少關注X網站的事。呃……方便告訴我您的名字嗎？」

「我是菜菜子。」

「好喔，我再去看看。」

「我就是X網站上那個與人約見後，會推薦書給對方的人啦。」

「咦！有這回事？聽起來滿有趣的。」

那份笑容不知是出自真心，或純粹只是社交禮儀，但這些都無妨，只要對方記住我就行。活動結束後，我上了臉書連結到黑岩先生的動態時報，除了本職工作，他偶爾會寫些文章上傳到部落格。這些文章感覺有點「童貞風格」[1]，流露出沒有戀愛經驗的男子天外飛來的奇思異想，讀來淺顯易懂、風趣好笑。哎，有內涵的人，不論做什麼事，都顯得氣質出眾呀。

單純閱讀這些部落格文章，真的很有趣。不過為了建立關係，我把每篇文章一一讀過，然後寫了一篇長長的讀後感想，用email寄給黑岩先生。

黑岩先生的回覆充滿善意：

「收到您的感想，非常高興！這樣的文章，平常是不會有人提什麼感想的，不愧是書店店長，您的文筆真好，明知是在誇我，我還覺得『嗯，有道理』呢。

「我去看了菜菜子小姐在X網站的個人資料，原來您跟這麼多人見過面了呀。我也盼望能有機會，請您推薦書給我呢。」

看來，事情很順利地朝著我想要的方向發展。

「我是把推薦書當成個人的一種修行。只要黑岩先生願意，我也很樂意為您推薦書喲。您偶爾上來登錄的時間是星期二的下午兩點以後，在高田馬場，這對我來說有點困難，不過下週的星期三、五我剛好休假，如果約在澀谷、新宿一帶，我就沒問題了，白天或晚上都行喔。」

我送出了這封信。萬一對方無意見面，這樣的邀約方式也能讓對方有個好理由

---

1 泛指沒有戀愛經驗的男子，跳脫有戀愛經驗者的一般行為模式或思考邏輯，對女性衍生出的各種想像和特定行為表現。一七四頁的「童貞力」則是指這些男子因而擁有的能量、行動力。

委婉拒絕。

對方很快就回覆了：

「那麼，就跟您相約週三晚上六點在新宿，這樣方便嗎？當天這個時間之後，我都沒有排行程了。」

哇，這個時間太完美了，還可以順便一起吃個飯呢！

於是乎，我就這樣練成了「逆搭訕術」[2]。

雖然說是搭訕，但我不是為了戀愛，也不是為了性，才接近黑岩先生。純粹是我覺得這個人很棒，所以積極地想和他交朋友，動機非常單純。

這一次見面就跟平常與X網友交流一樣，但手法稍微改變了一下，因此我有點緊張，不知道該跟對方聊些什麼才好。幸好黑岩先生擅長製造話題、又很會答腔，談吐也風趣。一開始我們先聊聊黑岩先生的部落格，接著話題便轉到童貞力，這部分我本來就有興趣，因此我們也聊了藝人伊集院光、漫畫家三浦純[3]（兩人合著有《DT》（童貞）一書），還有最近的峰なゆか（Mine Nayuka）、福滿茂之[4]的漫畫作品，以及堪稱童貞漫畫金字塔的《從宮本到你》[5]，十分熱絡盡興。黑岩先生還不知道漫畫家澀谷直角剛推出的《在咖啡館裡翻唱J-POP風格的巴薩諾瓦歌曲女子的一生》，我於是強力推薦他看這一本。相對地，黑岩先生也提到我完全沒聽過，「關於AV界的童貞感變遷」，內容有趣極了。

「那麼，下次有什麼好書可以推薦，一定要告訴我！」黑岩先生爽朗地留下這句話，然後離開。對我來說，這真是個超級愉快的夜晚。

其實當初我也難免擔心：「自己該不會被認為是什麼怪人吧？」不過，在自由業的世界裡，這種事似乎是司空見慣？還是說，這只是黑岩先生的個性使然？

重點是，這次的經歷讓我明白，即便離開X網站，還是能像待在這裡一樣，輕鬆自在地結交朋友。如果真實世界的運作模式也和X網站一樣，想要按下「我想跟這個人聊天」按鈕的人，一定很多吧！

---

2 在日本，女性主動搭訕男性稱為「逆搭訕」。
3 此為中文譯本所用譯名，原文為みうらじゅん（Miwura Jun）。
4 此為中文譯本所用譯名，原文為福満しげゆき（Fukumitsu Shigeyuki）。
5 漫畫家新井英樹的作品，二〇一九年改編成電影，台灣上映之中文片名為「男人真命苦」，由池松壯亮、蒼井優主演。

更讓我喜上心頭的是，黑岩先生的友人、以幽默風趣著稱的網路媒體作家佐久間先生，突然傳了訊息給我。平日我就經常瀏覽他的網站，這個人寫的文章實在很有趣。某天，我見到他在臉書上與黑岩先生開心地一來一往，心想反正逆搭訕也不是頭一回了，就算對方不認識我，我還是以非正式的輕鬆口吻，直接提出了邀約。

「抱歉，打擾了！我經常看您部落格上的文章，我是Village Vanguard書店的店長，最近正展開個人修行，透過X網站與尚未結識的網友見面，同時推薦適合的書給對方。前陣子我才跟黑岩先生見面聊天，看到您也出現在他的臉書上，我實在太開心了，便冒昧寫了這封信。

「我尤其喜歡佐久間先生在〇〇網站上刊載的文章～（中略）我想邀請您改天一起喝個茶，不知道您是否方便？或許您不太需要，但若是佐久間先生有什麼『很想看的書』，就請讓我為您推薦一本吧。」

內容大概就是這樣。如果對方還是起了戒心，那就沒辦法了。也有可能對方平常就很忙，根本不會回覆、或是直接拒絕，我已經做好了各種心理準備。或許是感受到我「不見面也沒關係喲」的氣息，佐久間先生也回了一封語氣輕鬆的信：

「謝謝您的讀後感想！請您一定要幫我推薦書～！星期二、五的白天～傍晚，只要我不必做採訪，應該都有空！菜菜子小姐住在什麼地方呢？」

事情以驚人的速度順利進展，兩天後，我們就在中野的ST. MARC CAFÉ見面了。佐久間先生並沒有加入X網站，我瞬間飛出了X，整個現實世界成了我自由搭訕的大草原。推薦書的技巧，也已經進化為供我搭訕之用的華麗飛行工具。這種使用方式，真的可以嗎？

「推薦書的個人修行？聽起來很棒耶！你遇見過什麼有趣的人嗎？」

「唔……有一個人，跟他見面後過了幾個月，他把我跟他自己寫成了情色小說的主角，還把文章寄給我。」

「這也太妙了！」

長期拜讀對方在部落格與網站的文章，身為讀者的我實在難以置信，竟然能和仰慕已久，本以為是遠在天邊的人物，一同閒話家常。而且當初被寫進小說裡，讓我極度沮喪的藤澤先生事件，經過一段時間後，竟也變得不痛不癢了，還能當成茶餘飯後的閒聊與人分享。如今它已成了一段趣味插曲，真是謝天謝地呀。

至於最初見面的土屋先生，後來還是會定期發送訊息給我：「好久不見～」「交男朋友了嗎？」「好久不見！要不要一起去大口吃肉呀？」「夏天到囉！還是很忙嗎？」即便我完全已讀不回，他還是像聊天機器人一樣，不間斷地發送訊息。

「除此之外，也有這種人呢。」

我給佐久間先生看了 messenger 的對話畫面，他哈哈大笑說：「噗哈哈！這傢伙真的很難纏啊！但菜菜子小姐用完全已讀不回來回敬對方，也很高明！」

沒想到土屋先生的故事也能成為今日的笑談一則，瞬間有種立地成佛的感覺。

佐久間先生寫了許多有趣的文章，沒想到他竟然很少看書。

「我總覺得，紙本書的節奏太慢了，就算散文集也是一樣。我已經習慣網路世界的節奏，紙本書讀來很不習慣。」

我於是推薦了作家せきしろ（Sekishiro）和又吉直樹合著，跳脫傳統俳句[6]規則的俳句集《沒有炸牡蠣就不來了》給他。書中的次文化笑點與佐久間先生的部落格文章風格相近，再加上是詩集，不必閱讀冗長的文章，類似廣告詞的一句話，卻蘊藏著悲壯感或幽默性，令人吟味再三。我想，這或許能消解佐久間先生下意識對於閱讀的排斥感，讓他重新找回對紙本書的正面印象吧。

就像這樣，持續和陌生人建立良性的交流，或許有一天，不論是誰，我都能與對方結為朋友吧……？當然啦，藝人、作家等粉絲眾多的人物，應該是不太容易，我也沒想過要跟偶像或搞笑藝人發展友誼。不過，對於我「想要見面」的對象，若是找個好理由，只要狀況不是太特殊，應該都能見上一面吧。

如果我能見到任何人，和任何人都能成為朋友，在這個世界上，我最想見的人會是誰呢？

這個不經意在腦中浮現的問答遊戲，答案竟毫不遲疑地跳了出來。

我最想見的人，是我最喜歡的書店「崖書房」的主人——山下先生。

6　日本的一種古典短詩，由「五—七—五」共十七字音組成，有嚴謹的格律要求。

遇見崖書房（ガケ書房）[7]，是我二十多歲時獨自到京都旅行的事。

這家書店座落在遠離熱鬧景點，要搭市公車很久、很久才會抵達的偏遠左京區——這是一個觀光客鮮少造訪、極其普通的地方。說它小，大家或許會以為這是一間雅緻而低調的小店，其實並非如此，這家店本身可是個性鮮明。也許是為了突顯店名中的「崖」字吧，書店的外牆不是一般牆壁，而是貨真價實、硬梆梆的岩石。最令人印象深刻的是從崖壁中飛衝而出的汽車車頭，儼然是該店的正字標記。

我怯怯地推開大門，走進書店。以黑色原木為基調的內部裝潢，配上幽暗的燈光，店內流瀉著我未曾聽過的不插電日文樂曲旋律。

書店裡透著我最喜愛的次文化書籍氣息，但跟我當時剛加入的Village Vanguard完全不同，優雅與沉靜彷彿早在此落地生根，深深打動人心。我從沒看過、似乎很有趣的個人出版品和小眾文化雜誌，整齊地排列著，一本本閃耀著誘人的光芒。我在自己工作的Village Vanguard早已見慣了次文化書籍，但這裡隨手拿起的任何一本書，卻都顯得如此特別，強烈地吸引著我。我宛如被施了魔法，迷失於其間。

我興奮地來回逛呀逛，書店的一角擺著椅子和木吉他，上頭貼了一張紙寫著：「**請隨意彈奏。**」我一看不禁笑了出來。在店內深處的書架上，側面則貼著一篇作文，標題是「**遠足的時候　五年級　山下賢二**」。這應該是書店老闆寫的吧？湊前一讀，這篇乍看只是一般小孩子寫的作文，內容卻頗值得細細吟味。

將作文貼在這裡，有什麼特殊用意嗎？我也不懂。但這種迷人的巧思玩心，令人驚喜的書共同在架上靜靜佇立，還有一股只可意會的淡淡輕狂在店裡流轉……我被這樣獨特的氣氛完全收服了。

這種感覺，真是似曾相識啊。我想起來了，那是我十九歲初識Village Vanguard時所受到的衝擊。Village Vanguard的主張強烈，覺得很棒的書會被堆得像座小山，滿滿的手寫POP貼得都快把書淹沒了，每個角落無不使盡全力彰顯自我，就怕

7 ガケ書房是京都知名的獨立書店，二〇一五年三月已另外遷址於左京區的浄土寺馬場町附近，以新店名「ホホホ座」登場，成為與另外兩家古書文化雜貨店、古書唱片行共同企劃經營的複合店鋪。

客人沒看見。沒想到不必如此大聲喧嘩，也能向讀者傳遞書的美好，這裡的做法就像一記左鉤拳，狠狠擊中了我。我不知道究竟為何，但就是覺得這裡從選書、陳列到環境的舒適度等等，所有的一切都像是「這家店為我而準備的」，我可以在這裡待上多久都沒問題。實際上，待得越久，我抱在手上的書也越多，最後竟然買了一堆，平常旅行時根本不可能這樣買書吧。

之後我又去了崖書房好幾次，但因為路程實在遙遠，每年頂多也只能去個一、兩回。每一次造訪，我從不會感到煩膩或失望，反而會更加確信自己的選擇，愛它愛到無可自拔。這裡就是我心目中理想的完美世界啊。書房中的氣息，完整了無法來到這裡時，那個缺了一角的自我，讓我重新歸零。崖書房就像是我的軸心，讓我充滿思慕之情，就像墜入了愛河。

我也想過，這會不會只是心理作用，畢竟在進入Village Vanguard之前，我幾乎從未去過其他書店，到別家書店看看的話，說不定同樣也會這麼感動？為了確認這一點，我還特地到了東京、京都的其他知名選書店，每一家書店都十分精彩，卻無法讓我有如此怦然神往的感受。說不上來為什麼，唯獨只有崖書房，是我心中最特別的存在。

在Village Vanguard工作時，我曾經被調到京都的分店，在那兒住了大約一年半。這段期間，我可以頻繁地往崖書房跑，真是再幸福不過了。

每次去崖書房，都會有「原來有這本書？我都不知道！」的新發現。為什麼它總是這麼懂我？為什麼它總是讓我如此依戀？它的存在本身，就是支撐我的所有力量啊。

不過，我終究提不起勇氣跟店裡的人說話，即便只是說聲「這家店真棒」。我一直是個容易緊張又內向的人，因此甚至連跟他們說話的念頭都不敢有。

不知道店長會是什麼樣的人？是這一位嗎？還是那一位？每次去書店，我就不停地猜測。有一次看了雜誌的訪談，裡面剛好有照片，我像是在看導演或作家的採訪報導似地，「這一位就是店長……山下先生呀？」將他謹記在心。對我來說，這樣就足夠了。

而此刻當我自問：「如果能見到任何人，我最想見的人是誰？」同時也自己給出了答案後，我突然有種即將和最後一關的大魔王展開決戰的感覺。

下定決心後，我寫了一封 email 給山下先生。

首先是自我介紹，表明我是崖書店的粉絲，經常去店裡報到，接著再說自己想提出很任性的要求，希望能與對方見面。只要三十分鐘就行，如果對方答應，我會非常高興等等。

我也描述了自己初遇崖書房時所受到的衝擊，即便日後不斷前去，好愛好愛這家書店的特殊情感與執念，始終未變……

我越寫越覺得自己用詞膚淺，內容既平凡又老套，根本無法真切表達內在的心境。為什麼我無法用文字好好形容自己真心所愛的東西？真是令人嘔氣啊。

與網友見面時，包括黑岩先生與佐久間先生，我都是抱著「豁出去了」、「在所不惜」的心情，就算失敗也沒什麼損失，因此總是能夠放膽行動。

但是，崖書房一直是我的心靈指南，是我最珍貴的寶物，萬一山下先生認為我是個怪人，崖書房從此離我遠去，我一定會很痛苦。然而，現在的我情緒高漲，已經無路可退了。就如同與黑岩先生一樣，我和山下先生一直沒有自然交談的機會，也只能用這種不自然的方式來接近對方了。對方收到信之後，要是把我當成書店的瘋狂粉絲，覺得我頭腦有問題，那也沒辦法。我已經有所覺悟，只要這份心意能傳達給對方，就算一切到此為止，也是心甘情願。

我希望一招定勝負，不想要拖泥帶水。

「下個月的二十、二十一日，我預定前去京都旅行，假如您應允，是否能從這兩天之中選擇您方便的一天？我自知這樣的要求很任性，所以您要是真的很忙，拒絕我也無妨，也不需要回信。假使您願意見我一面，敬請撥冗與我聯絡。」

寫完這最後一段，email 就此結束。

我當然沒有前往京都旅行的計畫，對方若是答應，我只要如期赴約就行了。之所以指定日期，是因為如果沒有確切的時間，對方或許會以「那就改天再談」的理由拖延，甚至不了了之。至於為何指定這兩天，則是那時剛好是我的生日。雖然有點惶恐，但我還是自作主張，將與山下先生見面，當成送給自己的生日禮物……

寄出 email 之後，我想來想去，還是覺得這個想法很丟人，真想挖個地洞躲起來。可是寄出的信已成事實，也無法收回啊。我已經沒有回頭路可走了。

一個月後的晚上八點。我在京都與山下先生見面了。

山下先生常來的這家小店感覺很棒，氣氛隨性、環境舒適，也能感受到店家的溫暖人情味，與崖書房的氣質相仿。

我非常緊張，覺得自己的喉嚨、舌頭與下顎像是全都黏在嘴巴裡了。

如果山下先生問我：「請問您有什麼事嗎？」

我大概也只能回答：「其實也沒什麼事啦，不好意思！」

山下先生十分和善，以一副兩個人就是來閒話家常的模樣問我：

「花田小姐……一直都是在 Village Vanguard 工作啊。對了，你在信裡提到，曾經在京都住過一陣子，是住了多久呢？」

好感激山下先生，以如此稀鬆平常的問題作為開場白。

剛開始，我就像是一坨噁心的綠色爛泥妖怪，坐在山下先生面前，冷汗一直從額頭上冒出來。聊了一陣子之後，才漸漸有了踏實感，呼吸也恢復順暢，終於變回我原本的模樣。我有好多話想說、好多問題想問，像是永遠也無法道盡。當我終於放鬆了下來，山田先生問我：

「〇〇〇的書賣得好嗎？在我們店裡賣得滿好的喔，但是我一點也不喜歡這本書。」沒想到他竟然會告訴我真心話，還提到自己小時候的事，曾經當過情色書籍的編輯、崖書房剛開幕時的過往，我完全卸下心防，笑個不停。

我去了洗手間，出來準備洗手時，與鏡中早已見慣了的自己四目相接。今天真是太開心了，甚至是不可思議。此刻，我彷彿是和一隻奇妙的生物相視以對，又像是來到一個非常遙遠，遠到自己也不知身在何處的地方。

關於最近蔚為風潮，歌頌單純、合宜生活的書籍，兼具選物店性質的書店經營方式，書店應該如何選書等等……山下先生全都毫不保留地和我分享。當我說起很喜歡店裡他負責選書的那一區時，山下先生說：

「店裡的書並不是按照我的興趣去挑選的喔。我是根據客人的喜好，而不是自己的喜好。」

接著，他更進一步告訴我要如何思考客人與店家之間的關係。

「不過，客人還是會比較想買山下先生挑選的書吧？」

我懂山下先生的意思，但這家店的招牌畢竟是山下先生呀。我還有滿坑滿谷的問題想問，真是不敢相信，我竟然能像這樣，與山下先生平起平坐地一起聊天。

時間飛快，已經到了十一點店家打烊的時間，店裡當然只剩下我們兩個客人。

即使如此，山下先生並沒有對我說：「差不多該走了。」我也捨不得離開，真希望山下先生永遠不要說出這句話來。

山下先生彷彿決心不回家似地不動如山，完全沒有要離開的意思。聽我不斷地「還有哇，而且呀」的山下先生，就像個耐心聆聽孩子說話的父親。

山下先生似乎是先回家後，再騎著腳踏車出來和我見面。我投宿的地方就在他回家的路上，他於是推著腳踏車，一路送我到旅館。我在旅館前向他道謝、告別，目送山下先生的自行車遠去。

躺在旅館的床上，我根本不可能立刻睡著，只是一直盯著天花板，細細咀嚼著這遲來的、令人想要大叫的幸福感。回過神來，才發現我的雙手緊緊捏住了棉被。

竟然會有這樣的好事發生。

就像在玩填字遊戲，解出一個之後，便能連鎖性地推導出所有答案，在這個渺小的夜晚，我的靈魂做出了重大的決定。

問題解開之後，思緒也變得清晰了。一些平凡無奇，卻總是糾纏著我的議題，例如「單身與結婚，哪個好？」「工作與家庭，什麼才是優先？」「要生孩子嗎？還是不生？」這些都是我人生中的重大課題，當我面對它們時，總感到自己的輪廓虛渺得快要消失，給不出答案的軟弱、無力，讓我覺得自己真是沒用。

可是今晚，當下的我好像被通了電，顯現出閃閃發光的清晰輪廓。

我不要普通的幸福。我不要戀愛，也不要結婚。我不要金錢，也不要安定。我什麼都不要。我只要相信今天見到的那道光，就這樣活下去。

在那一夜，我非常清楚，自己想要的幸福是什麼。

第7章

因為你很棒，所以推薦這本很棒的書給你

「遇到過不了的關卡時，只要讀一讀這本書，

似乎就能讓很棒的自己，繼續做個很棒的人。」

若是能讓這樣的念頭，停留在對方內心的某個角落，

當我出現在這個人面前，為他推薦一本適合的書，

就會變成一件有價值、有意義的事了。

時序進入了冬天。

從橫濱車站徒步不到十分鐘，遠離喧囂住宅區的某條無尾巷裡，有一間極其普通的兩層樓民宅。不是當下流行、重新翻修過的時髦古民家，而是一間老舊土氣、感覺就像是朋友老家的房子，這裡是喫茶店「彆扭」。

我還是常去共同工作空間T，有天這家喫茶店的老闆也來了，我們一聊才知道，他也曾經是Village Vanguard的店長。由於這份因緣，後來我就常去這家店。

不同於我在X認識的IT工作者的爽朗氣息，或是書店員的幽默風趣，這家店散發的是一種獨特的夢境氛圍。店內的裝潢主要是榻榻米房間，隨處散置著陳舊的布質坐墊，環牆而立的書架上，塞滿了漫畫書。這些書像是用醬油煮過般，染上了一層淡淡的顏色，附在一旁的手寫POP招手誘惑著我。我在這裡發現了一直很想看的舊漫畫，覺得開心極了。

窩在這裡看漫畫，打任天堂遊戲機，小酌買醉，與老闆或客人聊天，想做什麼都行。有時候我沒事先做功課，隨興走了過去，才發現店裡經常舉辦某人自彈自唱的現場演出。這兒的客人口袋裡沒什麼錢，幾乎都是些無法適應社會生活，愛看舊書，喜歡聽輕聲低吟音樂的人。

真是個既夢幻又舒適的地方啊，店裡散發著一種對於「魯蛇也能好好活下去」的肯定，就像我剛進入 Village Vanguard 時一樣。

有一天，老闆跟我說：「店裡過幾天要辦活動，花田小姐要不要來參加？

「最近都沒什麼想看的書，所以我就想說，是不是請大家幫我推薦書呢？然後再來比比看，誰推薦的書我最想讀。純粹就是一個為我自己舉辦的活動啦。」

「太有趣了！我也要來推薦！」

要上台說書的人，連同我一共有四位：在橫濱市神奈川區的白樂開二手書店的椎道先生，在書店工作、身兼藝文同人誌創作者的善通先生，以及這段期間寄居在「彆扭」二樓的慎二先生。

比賽採取寬鬆版的「五分鐘書評」[1]規則，除了老闆，還有好幾位常客也一起

1　源自京都大學的競賽，參賽者在限時五分鐘內發表自己讀過且覺得有趣的書，再由聽眾投票選出最想看的書。

來湊熱鬧。我帶著兩本自己的壓箱寶，前來一決勝負。

「我要推薦的第一本書，是泰裔美籍小說家拉塔悟特所寫的《觀光》。」

本書內容之精彩不在話下，作品本身也大有噱頭。首先是故事背景罕見地設定在泰國，而且作家寫完這本書之後就下落不明，配上這樣的插曲，更讓人升高想要一讀的欲望。

「這本書以泰國為舞台，鮮活生動地描繪出貧窮人們的日常，是相當優美的短篇小說。雖然大多是悲傷的故事，但書中人物即使困頓愁苦，也依然努力活在當下的姿態，卻是如此閃亮耀眼，令人印象深刻，隨之燃起了希望。這部作品雖屬小眾，在海外文壇卻有著極高評價。難能可貴的是，一般外國文學作品的譯本讀來大多艱澀拗口，令不少人望而卻步，這本書卻相當好讀易懂。」

眾人聽得津津有味，把我帶來的書拿在手中翻閱觀看。

「咦──我竟然不知道有這一本！」

「很好看的樣子耶。」

趁大家興味盎然地翻閱著，我乘勝追擊再加上一筆：

「尤其是這一篇〈在愛的咖啡館〉，青春期的兄弟倆第一次上風月場所，弟弟嚇得放聲哭叫，以致於哥哥也未能如願以償，最後兩人猛踩腳踏車飛奔回家，故事蘊含的無奈與淒美，真令人動容。啊，還有最後一篇的〈鬥雞師〉也超好看。」

「接下來要推薦的第二本，是現代美術家會田誠所寫的小說《青春與變態》。這本書與其說是名作，我覺得更像是怪作。」

這本書鎖定的是與《觀光》不同的讀者群，雙管齊下，想必能將現場眾人的口味一網打盡吧！

「這部作品瀰漫的氛圍……讓人不禁聯想起這『該不會是會田本人的實際經驗吧？』以類似日記的手法，描述高中生滑雪集訓的故事。不過作者描述的情節，不是會讓天真純潔的愛情瞬間幻滅的嗜糞癖，就是想要偷窺愛戀對象排泄姿態的強烈欲望等等。我自己沒有這方面的嗜好，因此在閱讀的過程中，曾經有好幾次覺得『哇……好噁心喔』，而打算放棄，可是又受到書中那種光明面和趣味性的吸引，最後還是把全書看完了。

「看完之後，我真心覺得這本書實在太太太有趣了，故事最後竟然還安排了推理劇般的大逆轉橋段，那種不可言喻的感動，是閱讀一般小説絕對享受不到的神妙體驗。會田先生曾辦過一場名為『抱歉，我是個天才』的個展，就如同他自己所説的，會田先生真是個天才啊！這本書也是獨一無二、超級趣味的作品！」

聽完這段介紹，老闆似乎對這本書深感興趣，真是太開心了。

其他幾位參賽者，也都十分熱血地推薦了很適合老闆閱讀的書。

像是歌人笹井宏之的《解放永恆的力量》詩歌集，由craft ebbing商會（作家吉田篤弘、吉田浩美夫妻檔組成的寫作團體）所著、描述不可思議想像世界的《白雲收集者》，哲學書《老子與少年》，宗教類書籍《與神對話》等等，種類相當豐富，光是聽大家的介紹就非常享受。

每個人説書時都使出了渾身解數，內容引人入勝。這可不是客套話，大家介紹的書，我都好想立刻就看喔，其他人應該也是相同的感覺。

結果，我推薦的《青春與變態》獲得老闆的青睞，贏得「最想看的書」大獎。

活動結束之後，大家繼續圍成一圈熱烈地討論。

「實在太有趣了。聽人家推薦書好過癮喔。」

「真希望再來一次啊。」

「要不然，我們可以像今天一樣把客人找來，針對每個客人的閱讀喜好或煩惱困擾，由大家為他們推薦書。你們覺得這樣的活動如何？」

我提出了這個建議，今天的另外兩位參賽者善通先生與椎道先生聽了也都大表贊同。

「有可能辦到嗎？不過聽起來很有趣耶！」

「這樣吧，我店裡剛好有暖爐桌，可以請三位推薦人分坐三方，客人就坐在最後一個位置。」

「讓客人一個一個進來是吧？好像去診所看醫生喔。我看乾脆連病歷表也做一做好了！」

大家熱烈地討論起來，我這個始作俑者順理成章成了主辦人，負責籌備張羅。我竟然瞬間從外人變成了自己人，必須主辦、收費、招呼客人……這是一年前的我根本無法想像的事。我真的辦得到嗎？

有客人會來嗎？這裡的客人都不是省油的燈，我們推薦的書，他們會滿意嗎？

我心裡不免有些忐忑，畢竟圍著暖爐桌以三對一的方式推薦書，這種活動還真沒見過。光是想像，就覺得緊張而不安。

在「彆扭」喫茶店內和部落格公布了這個活動訊息後，好幾個常客和T的朋友都表明會來參加，真讓我鬆了一口氣。萬一屆時沒半個人來，我一定會難過死了。因此這些率先跟我說「會去」的人，真的好感謝他們。

就在活動即將舉辦的前一天晚上，我的手機顯示了「未接來電」的訊息，是父親打來的電話。

我的內心七上八下，因為平常我和父親都是傳簡訊，幾乎不曾打過電話。我緊張地回撥過去。

「喂，是菜菜子呀？謝謝你回電話給我。……剛才爺爺他……走了。」

「啊……嗯。」

我知道祖父的狀況一直不是很好，大概一週前我去探望他的時候，他幾乎都在睡覺，也沒什麼機會跟他聊天。祖父沒辦法説話，但是聽得見，所以我就盡量大聲地説：「爺爺，我們改天再一起去喝一杯吧！」然後就回去了。這是我最後一次跟祖父説話。

「明天要守靈，你可以回來嗎？」

「明天……明天的話……嗯……我有點……有點事，呃，怎麼辦呢？」

面對「為祖父守靈」這件事，我實在不敢説出明天有「活動」這個過於歡愉明朗的詞彙。但是以「有點事」來推諉也實在過分了，更何況又不是住得多遠，搭電車一小時左右就可以到老家了。

父親可能放棄了，也或許是覺得無話可説，我不知道。

「這樣嗎……好，隨你吧。」

説完這一句，父親掛上了電話。

我的思緒亂成一團，於是傳了簡訊給另外兩位活動的參加者。

「我祖父今天過世了，明天要守靈。怎麼辦！活動該延期嗎？可是，怎麼跟已經答應要來的客人說要延期呢……」

兩位夥伴非常貼心：

「你想怎麼做都沒關係喔。就算延期，我相信客人們也都能體諒，改天再辦，他們還是會來的。花田小姐不必勉強，以你的考量為優先就好。」

「活動要中止或延期都行，反正報名參加的客人都能分別聯絡上，沒關係的。你不需要覺得給大家添麻煩而不好意思喔。」

兩位的來信回覆，溫暖得令我感動到想哭。

我躺著試圖要睡一下，卻難以成眠，於是就穿著家居服，只披上一件外套出門去了。

從我的住處通往「橫濱港未來」市區方向的這條路，沿途就像是出現在老電影裡的世紀末景色，是我最喜歡的一條散步道。四處是雜草茂盛的空地，高速公路在低處層疊交錯，空曠之中拔地而起的車站、高樓，呈現出一種超現實的未來感。

在這片杳無人煙、萬籟俱寂的空間裡，我漫無目的地走著。

我最喜歡祖父了。我的父母親都很嚴肅，在一絲不苟的家庭教育下長大的我，唯有同住一個屋簷下的祖父跟我是同一國，我們兩個都有著不拘小節的叛逆個性。祖父喜歡喝兩杯，我念大學的時候，每次趕最後一班電車回家，總是會遇見祖父。其他家人總是不解地叨念著：「這兩個人怎麼幾乎天天都搭最後一班車回來？整日在外頭鬼混，究竟有什麼好玩？」其實長大之後，我就不曾跟祖父一起出門了，所以祖孫倆帶著些微醉意和彷彿是共犯的心情，一起從車站踱步回家，這段難得的時光格外讓人覺得平和、安詳。

祖父自豪地說，自己是淺草老店「神谷ＢＡＲ」的常客，店裡的人都知道他的名字和長相。打從我還是個孩子時，祖父最常說的就是：「等菜菜子長大了，我真想跟你和你的男朋友，三個人一起去神谷ＢＡＲ喝一杯啊。但只怕等你長大以後就會嫌棄我，說你『才不要跟老頭子去喝酒咧！』」擔心自己的夢想無法實現。每次只要祖父一提這個，我就回他：「不要這樣說啦，等我滿二十歲就帶我去吧！順便把我男朋友介紹給你認識。」同樣的這些話，我也重複說了幾百遍。

做任何事總習慣能拖就拖的我，唯獨這個承諾很罕見地早早就實現了。雖然我與當時的男友早已分手，也完全不再聯絡，但我真的很慶幸，曾經三個人一起去喝了酒。若是沒能實現祖父的這個願望，我想我應該會後悔一輩子吧。只是，如果當初能常陪他去，就我們兩個人也沒關係，那該有多好。

一想到祖父不在這個世界上已經成了事實，內心的悲傷又瞬間湧現。活動要辦嗎？還是應該取消？不去守靈真的好嗎？日後我真的不會後悔嗎？煩了又煩，想了又想，最後，我決定如期舉行活動。

我自圓其說地想著，或許這是和我同為叛逆夥伴的祖父，留給我的最後一個訊息：「遇到二選一的難題時，就選擇能讓妳自由活著的那一個吧！」

如果是祖父，一定會叫我放棄守靈，推著我去完成生平第一次主辦的活動。如果我能選擇不去為祖父守靈，今後遇到任何事，相信我都能輕鬆做出讓自己自由活著的選擇吧。

罹患失智症的祖父或許已經不記得我了，但我們永遠是追求自由的最佳拍檔。所以爺爺，抱歉了，請讓我跨過您的屍身吧。

隔天早晨，推開窗戶，天空藍得令人驚訝。

「我要按照原定計畫進行。不好意思，驚擾大家了。」

向兩位夥伴送出這則訊息後，我心中再也沒有猶豫。太好了，我可以的。應該是說，我已經決定我可以的，我一定會將這場活動辦得精彩有趣。下定決心之後，一切就像是揚起清脆的喀喀聲，接二連三應聲倒下的骨牌，不斷往前推進。

抱持「自由活著」這份謎樣的堅定決心，我生平首次主辦的活動揭開了序幕。

窄小的獨棟房屋裡擠滿了人，其中有我認識的，也有不少從沒見過。大家都是覺得很有意思，特地跑來請我們推薦書。

眾人各自隨興地窩在暖爐桌裡喝啤酒，或是和周圍的人們聊天。身為主辦者的我，以不輸現場熱鬧嘈雜聲的放大音量說：

「感謝各位今日大駕光臨！活動即將開始！今天來的人非常多，所以每個人預計排定的時間是十分鐘！請大家依序排隊，前一位結束之後，就會呼叫下一位！到時候會請您坐在暖爐桌的這個位置！」就此宣布活動正式開始。

在X遇見的網友，有很多人都「沒有看書的習慣」，但這家店的常客原本就對書和漫畫很感興趣，大家都有自己偏好的書種，堅持也特別多。加上一開始就直接切入書這個主題，而不是隨意聊天，因此活動進展的深度或速度，都遠遠超過我平常與X網友見面聊天時的分量。

第一位客人是十九歲的大學生悠香。

「您有什麼想看的書嗎？」

「嗯……有沒有跟戀愛有關的書？」

在座三人心頭一驚。

「這個嘛……請問您平常都看哪一類的書？」

「哪一類的……我覺得三島由紀夫之類的書還不錯。前一陣子在課堂上，有討論到女作家尾崎翠的《第七官界彷徨》。因此我很好奇，戀愛究竟是什麼？我們教授說：『這本書裡的人物，都是對戀愛著了迷的人』。」

「……難道您自己也有類似的狀況或煩惱嗎？」

「嗯，我有個十分喜歡的對象。」

在座三人又是心頭一驚。

「我心儀的對象A喜歡一個女生B，但B已經有另一個正在交往的男友，所以我想自己應該有希望。可是後來B跟男友分手，開始和A交往，於是我就默默祝福A和B的戀情……沒想到結果B又甩了A，重新回到前男友身邊，而我暗戀的A卻因為精神大受打擊而生病了。」

我率先出擊。

「我想要推薦您小說家栗田有起的《小裁縫師照美》。

「這是一部很棒的單戀小說。故事的內容主要是描述，照美與心儀變裝男歌手的戀情雖然無法開花結果，卻從未想過將對方據為己有，而是努力變得獨立自主、活得有聲有色，使對方也能以自己為榮。讓愛戀的對象以美麗的姿態活在這個世界上，就是自己的生存意義。」

「我想看！」

成功了！獲得一分！但其實我們並沒有設得分制啦。

「我想要推薦您可以更了解男人心的書。讀過森見登美彥的《春宵苦短，少女前進吧！》、村上龍的《69》，或是東野圭吾的《當年，我們就是一群蠢蛋！》，就會明白男人原來也會因為不懂女人心而憂愁煩惱了。」

善通先生劍及履及，也立刻推薦了書。又有點子的我緊跟著追加上去：

「說起單戀，西加奈子的小說《白色印記》也不錯喔。內容大概是說，愛上永遠不可能有結果的人，在失戀的瞬間，一切都化成了白色。作者以相當寫實的手法，描述無法實現的愛情。」

椎道先生接著補上：

「聽完悠香小姐剛才說的話，我覺得柏拉圖的《饗宴篇》應該很適合你喲。書中對於戀與愛有十分精闢的闡述，所謂『柏拉圖式』的愛情，『柏拉圖式』一詞就是從柏拉圖而來。」

悠香小姐不斷點頭，說：

「喔—戀與愛是不一樣的啊。嗯，那麼愛又是什麼呢……」

現場就這樣以趣味方式聊著越形嚴肅的話題，第一個十分鐘於是結束了。

接著，第二位坐進暖爐桌的是店裡的常客朝子小姐。她就像個可愛的吉祥物，大家都好喜歡她。

「機會難得，所以我想問問有哪些書，會讓人眼睛為之一亮，躍躍欲試地『想要一探究竟』？」

「有的話我也想知道！請告訴我吧！」

我們三人異口同聲地說。彼此說笑般的請託，瞬間炒熱了氣氛。

椎道先生率先自信滿滿地說：

「我第一個想到的是小川洋子！」

「這個我早就知道了啦！」

我接在兩人之後說：

「我覺得散文家武田百合子不錯。還有……法國小說家莎岡吧。

「武田百合子的話，我推薦《富士日記》；莎岡的作品，我推薦的是《日安憂鬱》。《日安憂鬱》充滿了青春期特有的漠然與殘酷，可以體驗到有別於日本小說，難得一見的特殊氛圍。」

「在咖啡館讀莎岡，小心變成萬人迷喔！」

善通先生頑皮地補上這一句。

焦點於是慢慢離題，變成了討論「讀什麼書會變成萬人迷」，朝子小姐也樂觀其成。再來是善通先生出招了：

「我想推薦的是漫畫，谷川史子如何呢？雖然多是短篇，內容卻很適合大人，描述爽朗卻不是那麼完美的戀愛。我個人大推的是《積極》。這本作品也是讓我愛上短歌[2]的推手。在咖啡館讀這一本，呃……應該也是會變成萬人迷。」

「是！為了成為萬人迷，我會努力把這些書都看完的！呵呵呵。」

如此隨心所欲的推薦方式，又是另一種樂趣。能夠這樣隨性，除了現場氣氛使然，一方面也是因為跟對方早已熟識。由於有三個人輪番上陣，當我還在思考時，其他兩人可以立刻補上，所以整體節奏十分順暢，獲得的資訊量也有三倍之多。

接下來是少女實理，她今天是跟朋友一起來的。

「我幾乎不曾因為別人的推薦而去看某本書。我非常喜歡太宰治、町田康、西村賢太等作家，也很沈迷於他們的作品，但最近幾乎沒什麼能讓我沈迷的作家。」

少女一開口，就表明自己看過很多書。

「這樣啊。那麼您覺得舞城王太郎如何？」

椎道先生率先應戰。

「啊……已經看過了。我還滿喜歡的。」

我趕緊上前開槍掩護。接下來暫時是由我與實理像打桌球般一來一往。

「那麼，國外的文藝作品如何？美國恐怖小說作家傑克・凱塛寫了一本《鄰家女孩》……」

2 依序由五、七、五、七、七個音節組成的五句體和歌。

「喔，抱歉，這本我也看過了。」

「嗯，那麼……德裔美國小說家查理・布考斯基（Charles Bukowski）呢？」

「我曾經想看，但是翻譯本實在看得滿痛苦的。」

「女性作家呢？譬如鈴木いづみ（Suzuki Izumi）？」

「我喜歡這位作家。」

「那麼，漫畫呢，最近有位剛崛起的史群アル仙（Shimure Arusen）……」

「我也喜歡。」

「了解。唔……那車谷長吉的小說《赤目四十八瀧心中未遂》呢？」

「我也喜歡。」

「唔……嗯……等等喔，我正在找，在腦袋裡。」

我彈盡援絕，潰不成軍。換上另外兩人，輪番再戰。

「您知道小說家吉田知子嗎？」

「喔，這一位我不認識。」

「或許您會喜歡。最近愛知的一家小出版社有推出她的選集哦。」

「而且書的最後，還有町田康針對作品所寫的解說文章〈問〉。」

「是喔。嗯……其實，與其不斷尋找我可能會喜歡的作品，推薦一些我沒接觸過的書種，或許會更合適？例如日本的ＳＦ科幻作品，就是我的未知世界，如果還能帶點抒情的元素，我應該會想看。」

「那麼野崎まど（Nozaki Mado）呢？他是從輕小說出道的作家，《2》這部作品很不錯。什麼是最棒的電影？這本書主要就是挑戰這個定義，十分精彩。」

一見風向改變，我立刻重振旗鼓，再度應戰。

「我很少接觸ＳＦ，不過抒情一點的話……我想到的是石黑一雄。」

「我聽過這個名字，但還沒讀過他的作品。」

「太好了！請您一定要看看《別讓我走》，這個故事描述的是寄宿學校孩子們的生活，卻隱隱透著令人不安的氣氛。全書堅守『絕不爆雷』的立場，讓讀者直到最後都得靠自己去推理、思考，深刻打動人心。」

終於，我也介紹了一本實理不知道的書。椎道先生繼續說：

「星新一和廣瀨正呢？星新一的極短篇好讀易懂，長篇我則推薦看廣瀨正。今後若是您想嘗試SF，我很推薦這兩位。」

善通先生接棒說：

「另外還有大森望所編輯的短篇集《NOVA》文庫，大概出了十本吧，裡面收錄了不少佳作，或許您可以在這其中找到喜歡的作家。」

「哇，選擇越來越多了，我一定會去看看的，非常謝謝大家！」

宛如地獄般的十分鐘，總算讓我們熬過去了。

善通先生的師傅也跑來探班了。這位師傅一年內看完了將近五百本書，堪稱文學研究專家。由於我們和其他客人的對談內容幾乎大同小異，師傅於是丟出了一些高難度的問題：「請推薦有趣的語言學相關讀物」、「我已經看完智利小說家羅貝托・博拉紐（Roberto Bolaño）寫的《2666》[3]了，接下來應該讀哪一本才好？」差點把我們逼到牆角。

此外，我們還得不斷遭受客人們的種種回馬槍反擊：「這個我知道」、「我已經看過了」、「這不是我的菜」……相較之下，之前與X網友的交流，根本是小巫見大巫啊。三人之中若有一人敗下陣來，絞盡腦汁想著是否還有其他書可以應戰時，另一人便立刻接棒補充：「那麼這一本如何？」如此輪番上陣，總算勉強穩住了陣腳。

整個過程耗力費神，但又不是真的受苦。在這小小空間裡與客人們天南地北，有時聊到話題失焦，有時其他客人也來亂入插花，還有一杯又一杯的慰問飲料陸續送了過來，整個活動自始至終都熱鬧極了。

雖然覺得緊張，我們還是想盡辦法為客人找書，就這樣慷慨激昂地講了三個多小時的話，終於順利地為十五個客人都推薦了書。

和與會的所有客人聊完之後，對於活動結束才抵達現場的人，我們只能說聲抱歉。狹窄的房間裡響起了熱烈的掌聲。

我精疲力竭、燃燒殆盡，就像是打完比賽後的《小拳王》，臉色慘白。我側眼

3 博拉紐的代表作，以墨西哥城市聖特蕾莎的婦女連環兇殺懸案，串聯起五個各自展開的故事，以龐雜的角色、場景、時期和情節探究二十世紀的墮落與退化，被譽為「全景小說」。

偷瞄了一下，只見另外兩人也是虛脫無力、眼神渙散，一副氣力放盡的模樣。

我們將留到最後的客人送到店門口，見到實理小姐時，我出聲叫她。雖然也有推薦她一本書了，但畢竟沒能幫實理小姐推薦她想要的書，我心裡有些過意不去。

「實理小姐，那個……這次沒能介紹您沒看過的書，真的很抱歉。」

「別這樣說，今天真的很有趣。嗯，我是真的很高興。」

「真的嗎？可是我沒能幫上忙……」

「我很喜歡看書，可惜身邊沒有知己。這是我第一次遇到有人可以一口氣給出這麼多書單，聊了這麼多關於書的事，我真的非常開心。」

如此出乎意料的感想，真令人感到欣慰。

一直以來，為別人推薦書時，我或許多少抱持著一點上對下的心態吧。

為他人推薦書時，基本上要具備對於書的知識，以及分析並看穿對方的能力，再善用這種能力為對方介紹適合的書。「雖然知識不太足夠，但至少我盡力了。」

這樣的想法是不可取的。在X為網友推薦書時，我從不曾因為自認能力不夠、知識不足而深感懊惱。

只是，即使擁有了知識與分析能力，還是覺得似乎缺了什麼。

「我來教教你們這些不懂的人」——如果以這種上對下的心態為他人推薦書，一旦遇到比自己知識更豐富的人，我就失去存在的價值了。我想，這應該不是我想要追求的目標。

在籌備這場活動的期間，因為很想知道其他專家是「如何」推薦書的，我於是看了一些雜誌上刊登的書評。讀到某位知名書店員介紹書的那一頁時，我感到非常失望。

對方只會說些「銷售突破〇萬本的暢銷書」、「榮獲〇〇獎」等等老掉牙的台詞，介紹書的內容也多半是抄自封面文案，或是亞馬遜書店的網頁說明，照本宣科一番罷了，完全聽不到他本人的心聲，也沒有說出他自己認為這本書吸引人的地方在哪裡。這種人明明具備了一定的知識量，雖說寫書評時，書店員有時得扮演跑龍套的黑衣人隱身幕後，但是這篇書評，究竟是想要向誰傳達書的魅力呢？

我覺得，書評已死。

另外還有一件始終令我介意的事，就是與X網友見面後，我為對方推薦了書，但有些人並沒有真的去看這些書。雖然我跟好幾十位網友見過面，本來就不可能所有人都去買我推薦的書，但我隱約覺得，沒有看書的人，大概占了一半吧。該不會是我的介紹沒什麼用處，所以他們才沒看？

即使如此，我還是衷心期望，自己的介紹和所推薦的書，能讓對方有所收穫。

因此，我擬定了這樣的作戰計畫——

「你很棒」＋「這本書很棒」＝「因為你很棒，所以推薦這本很棒的書給你」。

在大城市的百貨公司、精品店裡最顯眼的位置，總是展示著美麗耀眼的洋裝。每當走過櫥窗時，我們往往會因此被吸引，忍不住讚嘆：「好漂亮的衣服啊！」而同行的朋友或情人要是也跟著停下腳步說：「這一件好適合你呢。」任何人聽了這句話，應該都會心花怒放吧？這時候，自己嘴上雖然會不好意思地說：「這麼貴的衣服，我沒有機會穿啦。」「我穿這種衣服太浪費了。」但因此知道了自己在對方心裡的分量，還是會感覺甜滋滋地，甚至有一點幸福吧？

即使自己從來沒穿過這件洋裝，只要有人說：「你的條件那麼好，這正好適合你。」這件高掛在玻璃櫥窗裡的衣服，也已經為櫥窗外的自己帶來了加分效果。我想，只要讓書也能產生同樣的效果，應該就行了。

「聽了您剛才說的話，我覺得〇〇先生／小姐是一個能透過工作為他人帶來幸福的人。您為下屬和客人用心考量，做任何事都是全力以赴。對於這樣的您，我想推薦的是〇〇〇〇這本書。當您遭遇工作上的困擾，或是有任何痛苦、煩惱時，相信這本書一定能成為您的心靈支柱，助您一臂之力。」

不斷累積經驗後，如今的我已經能像這樣為他人推薦書了。首先點出對方的魅力所在，再透過說話的技巧，將對方的魅力與想要介紹的書連結起來，最後再告訴對方，這本書可以為他帶來什麼樣的助益。

這樣一來，「還沒看過的書」也會成為這個人以備不時之需的護身符。即使他沒有買下這本書，或者買了之後只是偶爾翻個幾頁看看都無妨。

「遇到過不了的關卡時，只要讀一讀這本書，似乎就能讓很棒的自己，繼續做個很棒的人。」

若是能讓這樣的念頭，停留在對方內心的某個角落，當我出現在這個人面前，請他來參加這個活動，就會變成是一件有價值、有意義的事了。

在「彆扭」舉辦的活動十分熱鬧，但是，我卻因為無法讓它成為一場深具意義的活動而感到慚愧。

一方面是因為情緒激昂地拚命說話，真的很疲累，再加上我自己也覺得這樣足夠了，所以雖然不是事先就這麼打算，我還是決定暫時不再與陌生人見面，為他們推薦書了。就像是跑步跑了五公里後，決定今天到此為止一樣，乾乾脆脆地結束。自己的修行，也算是有一點成果了吧。

在舉辦這場活動之前，我為別人推薦書，不過就是做個「推薦書」的動作，不多不少，如此而已。

於是，我將手機畫面上的「X」捷徑刪除了。

終章

帶著蠢蠢欲動的心，迎向下一個未知

一年前的那天，我絕望地想著這世上再也沒有快樂的事了。

緊握住顫抖的手，探頭望著大河的我，跌了一跤，

就這麼隨著洪流漂呀漂，回過神時已經被載送到這裡了。

今天起，似乎又有什麼開始蠢蠢欲動著，

想必這股力量往後還是會載運著我，漂流到某處吧？

懶懶散散，偶爾才會上去瞄一下的求職網站，某天出現的一則徵人訊息，引起我的注意。

一家新開幕的複合式大型書店正在招募員工，希望找到具有多元經驗、能在人與書之間搭起橋梁的人，不曾在書店工作過也無妨，歡迎有獨特資歷者前往應徵。我點進去看詳細的說明，上面寫著「**請在面試時，暢談您的個性與經驗**」。

既然對方都這麼說了，姑且一試也好。於是我在履歷表的自傳寫下：「**我透過交友網站和各式各樣的網友見面，暢談三十分鐘，然後為對方推薦適合的書。這一年以來，我總共見過七十位以上的網友，並為對方推薦書。**」然後寄出資料。

我心想這家公司的作風似乎頗為開明，或許會接受這樣的經歷。只不過，這世上哪有便宜的好事，落選也是不無可能。

我的履歷沒多久就通過審查，接下來就是參加面試了。

第一次是集體面試。應徵者有三人，公司則大陣仗地派來了七位面試官。我坐在正中央，左手邊是前地方議員，右手邊這位之前是出版社總編輯，目前是知名音樂家的經紀人。夾在兩位大人物之間，看來我是沒希望了。像我這種人，應該不太容易討人喜歡吧？加上我的經歷如此平凡，我完全失去了自信。

輪到我說話時，我一口氣道出了自己的應徵動機和工作經驗。最後，面試官丟來一個問題：

「花田小姐大學畢業後，就一直在 Village Vanguard 工作，一做就是十年啊……您離開那家公司後，或許有機會到我們這裡工作，就現在的花田小姐來說，它在您心中是什麼模樣呢？」

在心中的模樣……對方一問，我立刻見到了那副光景。

「Village Vanguard 是……」

我說話的聲音在顫抖。

「讓一無所有的我，學會什麼是工作的樂趣，銷售是多麼有趣的事，以及如何與同事並肩合作、一起奮鬥的地方……雖然我和公司對於未來的考量並不相同，所以決定要離開，但是……直到現在……我依然對公司充滿了感謝。」

說著說著，我的眼淚滾了下來。明明反覆考慮過很多次，自己也已經接受這個事實，並且下定了決心，但每每想起，還是忍不住掉淚，就連面試時也是一樣。

情緒這麼不穩定，履歷表上還註明曾經參加交友網站，這個奇怪的傢伙，還是不要錄用吧。看來，交友網站是萬萬碰不得啊。

結果……跟我的預測完全相反，對方通知我已經通過第一次面試，同時要我準備第二次的最終面試。

最終面試當天，我再次踏入同一間小會議室，裡面只有男女各一位面試官。第一次面試時，這兩位也曾經在場，我安心地暫時鬆了一口氣。

男面試官一打完招呼，立刻強忍住笑意地脫口而出：

「哎呀，花田小姐，我好期待今天可以跟花田小姐聊一聊呢。」

「咦？是喔，是想聊關於交友網站的事嗎？」

「交友網站這四個字，竟然如此輕鬆地就說出口！呵呵呵！哎呀，大家看了您的履歷之後，全場譁然，想說怎麼會有個不太妙的人跑來應徵。」

這兩位面試官是新書店的領導人物，女面試官立刻接話：

「我想，一般人不太可能把這種事說出來吧……我覺得您很厲害。除此之外，花田小姐對於書的熱情，可真是異於常人呢。」

「嗯，好像是耶……？」

聽到自己被說得好像很有本事，心裡當然覺得還不賴，但此刻在我腦海裡浮現的，卻是我玩「狼人殺」的情景和逆搭訕的場面。這些與對方當面褒獎我的「厲害之處」，似乎相差了十萬八千里？那些日子經歷的一切，都算是我對「書」的熱情嗎？應該不太對吧。

「當然，上次面試時，您曾經提到在Village Vanguard工作的事，也是加分不少。擁有這麼多好玩經歷的人，我們當然要收為己用啊！團隊裡至少也要有個瘋狂一點的人吧！花田小姐因為夠瘋狂，所以就被錄取了，呵呵呵。」

兩位面試官呵呵笑著。什麼？錄取？

「接下來，我們想跟花田小姐談談要負責的業務……」

這個錄取通知，太令人摸不著頭緒了。

當然，那時也是想著或許能為自己加分，才在自傳寫下了那一些……不過，竟然有人是因為在履歷中寫下有參加交友網站的經驗，而獲得錄用？

這世界實在太奇妙了。看來，它或許比我想像中更有趣、更討喜呢。

拖拖拉拉似乎永無終止之日的求職活動，就這樣突然結束了。

今日的天空依舊是灰暗的陰天。

好久不曾在這站下車了。畢竟只過了一年，周邊的景色似乎沒什麼改變。

我在西日暮里站，靠近以前兩人住居的 Renoir 與先生碰面。

我把準備好的離婚協議書遞給對方。店裡其實沒什麼人，但先生還是很怕被人瞧見似地，看了一眼，確認我已經簽名蓋章後，迅速將協議書收進包包裡。

「週末假日區公所也有受理，今天寫一寫，明天就可以遞交出去了。」

「好，謝謝。麻煩你了。」

接下來是清算財產。我們有一起存的公積金，分居時，先生住的是分租房間，因此原本家裡的大型家具、家電，幾乎都是由我帶走。這些東西往後還是能繼續使用，因此我們就針對這個部分，討論公積金該如何分配。

冰箱：十一萬日圓；電視：八萬日圓；Karimoku品牌沙發：五萬日圓……這些高價的物品由我以定價的五折買下，從我分得的公積金中扣除。雙方確認金額無誤之後，三井住友銀行的ATM就在店門口，我把先生該分得的錢交給他，該辦的事就全都辦完了。

現在住哪兒？新工作如何？最近有遇到○○先生。是喔，○○先生好嗎？……我們有一句沒一句地聊著不知是真心想了解，還是隨口問問的內容。場面話也說完之後，先生說：「現在或許還辦不到，但我希望，未來等我們都安定下來了，偶爾還是可以一起吃個飯。」

我也回應：「嗯，好啊。」

說出最關鍵的「謝謝你一直以來的照顧」這一句之後，我心想應該就言盡於此了。接下來的「我也是」、「之前種種，真的很抱歉」、「別這樣說，我也覺得很抱歉」、「我們還是共度了許多快樂的時光呀」、「是啊，很開心」等等，聽起來像是發自內心，其實只是想在最後打個圓場。兩人不斷重複說著「謝謝」，都快要完形崩壞了[1]，彷彿除了這一句，再也無話可說。我們彼此都不帶任何留戀，只希望這最後一刻，能夠好聚好散。

我還不曾像這樣，站在ATM前向人道別。

「再見，保重喔！」

說完之後揮揮手，我快步離去。

我假裝往車站的方向走，結果是自己一個人繞去看了一眼我們之前住的大樓。站在大馬路對面，抬頭望著我們曾經住過的七樓房間，那裡似乎已經有了新住戶，緊閉的窗戶另一側，掛著陌生的藍色窗簾。

怎麼會走到這個地步呢？我們曾經過得那麼快樂啊。一想到這兒，眼淚又湧了上來。我哭了一陣子，等到淚水止息，心情也豁然開朗：「好，一切都結束了。」

「我終於離婚了！」

這是幾天之後的事，我傳 LINE 訊息給遠藤先生，立刻就已讀了。

「辛苦了！」

一如平常簡潔的反應，我還沒見過他的回覆多於兩行。我又追加了一句：

「一起去吃飯！慶祝一下！」

於是，遠藤先生為我訂了一間有點高級的個室居酒屋，一起喝個痛快。

兩人面對面乾杯。

「耶，辛苦了！」

不知道是天真，還是情緒太亢奮，遠藤先生舉起玻璃酒杯，開心地與我碰杯。

「心情如何呀？」

「嗯……是有一點點難過，但又覺得鬆了一口氣。」

1 Gestaltzerfall，一種心理學現象，譬如長時間盯著同一個字看，最後會突然變得不認識這個字的短暫現象。

「這樣啊。哎呀，我覺得菜菜子一定沒問題的！以後機會多得是。」

「是嗎？」

「不是也有人這樣嗎？離過一次婚的人特別搶手呢。」

「我說遠藤先生……」

「嗯？」

「有想過要跟我上床嗎？」

遠藤先生就像漫畫裡一樣，噗地一聲說：

「什麼跟什麼啊！你是在說笑話，還是在說鬼話？」

「都不是啦……我只是好奇，你有沒有這樣想過。」

「那我就直說囉。如果你希望我做，我就做！但應該不是因為那種感覺，而是我覺得這樣做也OK。」

「唔，是這樣嗎……那麼，我問一個比較幼稚的問題喔，難道你從來不曾有過『喜歡我』的念頭嗎？」

「呃，這是什麼問題？你生氣啦？」

「我沒有生氣，只是在分析狀況。」

「嗯，是喜歡啦，你算是我特別喜歡的人。但『喜歡』的定義是什麼呢？你是希望朝著那種感覺發展嗎？」

「不，也不是那樣……我覺得現在的狀態也很好。畢竟我也不太懂戀愛，像現在這樣常常一起玩，也是挺快樂的呀！遠藤先生是我現在最信賴的朋友了。」

「太好了！」

「我不想每個禮拜都約會，交往一週年還得送禮物什麼的，實在沒興致。」

「嗯，我也是。這樣不是正好嗎？還是說你想要上床？我可以呀，現在就去旅館？」說完他還順便做了個「雙眼發亮」的表情，很明顯就是在開玩笑。

「不要，我不想去。」

「噗哧。」

「要說願不願意跟遠藤先生上床嘛，我當然是完全願意。」

「喔耶！」

「但有個現實問題。」

「什麼什麼！」

「我現在沒有那種性致啊～」

之前還一副猴急樣的遠藤先生，大喊了一聲「蛤！」，然後誇張地嘆了口氣，攤在椅背上。

「可以拜託你不要這樣說嗎！」

「咦？說什麼？」

「就是啊，跟自己一起喝酒的女生，竟然說對我毫無性趣，這話聽了多讓人生氣啊！雖然說不上床也無所謂，但男人天生就是靠著『或許對方想跟我上床』這一點希望活下去的耶～！所以，就算是說謊也好，一句『我現在性欲高漲呢』，就能讓我們飄飄然啊。」

我完全不能理解他這套獨門論調，但我知道他一定是在胡扯。

「所以，如果菜菜子說：『或許哪天我會改變心意，邀你一起上床喔。』只要有這句話，我請客也請得心甘情願了。」

「啊，不好意思總是讓你破費……不過，你是說真的嗎？我一直以為，男人最討厭女人讓他抱著不切實際的幻想了。」

「才不是咧，你不覺得看似有希望，卻一直得不到的女人，才最是迷人嗎？」

「呃……我是不太懂這種心態啦，不過今後我會講些讓人有想像空間的話，我盡量啦。」

我半開玩笑地隨便說說，遠藤先生竟然還能繼續接話：

「太棒了！我好期待菜菜子性欲大開，高喊著『我要上床！誰來都行』的那一天！到時候記得通知我喲。對了，屆時我們就去交換伴侶的酒吧～！我超想去一次看看的～」

想像力已經開始無限膨脹了。

回頭想想，我們認識的第一夜就已經有大好機會，只是當時彼此都沒有那種心情，也缺少那股衝動。看來我們兩人的溝通能力很好，戀愛能力卻是相當貧乏啊。雖然彼此之間沒有性方面的吸引力，但能像這樣坦然相對、談天說地，感覺真好。

「好啦，別聽我這樣胡亂瞎扯，我覺得菜菜子一定能找到好對象，我也真心希望你能夠幸福喔！」

這句用開玩笑的語氣說出來的真心話，讓人非常感動。

當「我要上床！誰來都行」的瞬間來臨時，有個人願意當我的備胎，我還是很感激啊。只不過，我覺得自己應該一輩子都不會跟遠藤先生發展成那樣的關係吧。

「看你恢復元氣，真的很高興。」

「你是指離婚嗎？」

「諸如此類的呀。剛認識你的時候，你可是一副快被工作煩死的模樣呢！看看現在的你，多麼積極進取哪。」

「嗯，這一切都是托遠藤先生的福喲。」

「什麼話！跟我完全沒關係啊！」

一片歡笑聲中，我們叫住店員，請他為我們的啤酒續杯。

這一夜，友情成了我的靈魂支柱。

進入二月，天氣大多是暖和的春日。

今天要告別這個街區了。新的工作地點雖然從橫濱通勤也行，但因為離職後，以公司宿舍名義租下的大樓住居必須先退租，續租手續又相當繁瑣，所以我決定還是搬到下一個工作地點附近。

只是，當下我必須面對一個棘手的問題：三小時後搬家公司就會來了，但我的打包工作卻一直沒完沒了。我慌慌張張地打包裝箱，但是就算再多給我三小時，我也整理不完啊。

這時候，住在附近的阿鐵發了訊息給我：

「昨天看到書架上有本書，我還滿喜歡的，你把書全都裝箱了嗎？如果已經打包就算了，等我還書給你時，再順便借來看。我會到你的新公司把書還給你。」

為什麼打包作業會變得如此迫在眉睫呢？昨天原本打算一鼓作氣全部處理好，沒想到一大群T的朋友跑來家裡玩，結果就展開了超級任天堂瑪利歐賽車大賽。

決定要搬家之後，T的朋友們一連好幾天都過來玩，阿鐵也是其中之一。大家有時玩煮暗鍋[2]，有時打電動。因為再過不久我就要搬家了，大家於是都抓緊時間，就像在過期間限定的暑假。這些大人每每要到晚上十二點，才會像聽見提醒小學生放學了的鐘聲，意識到「差不多該回去了嗎……？」然後甘願離開。

平常總會有人來我家裡玩，久而久之大家也都把這兒當成了自己家，隨性地使用冰箱、幫忙整理書架，每天都過得好新鮮、好充實、好有趣。所有人都回去後，空蕩蕩的房間變得安安靜靜，寂寞也順勢湧上，我非常喜歡吟味這樣的寂寞感。

雖然對阿鐵有些過意不去，我還是耍了個小計謀：

「我把書找出來了，你現在就過來拿!!」

特地跑來的阿鐵，結果變成了打包小幫手。搬家公司的人到了之後，他又幫忙倒垃圾、打掃環境，連搬家公司的人也以為他住在這裡，還問阿鐵說：「這些也要搬去新家嗎？還是要丟掉？」

當一切打理完畢，也已經是夕陽西下的時刻，天空染上了一片橘黃。

「真奇怪……我只是來借本書，怎麼會搞到這麼晚啊……？」

回頭想想，以往歷經幾次工作地點的調動，我一直都沒有「當地的朋友」，因此搬家的時候，當然也不會有哪個朋友來幫忙。

那麼，為什麼在橫濱時，會有這麼多朋友呢？我想起來了，是因為我在X網站認識了江崎先生，他帶我去了T，我也從此和大家變成了朋友。

當然，就算沒有X網站，只要我願意，還是能結交到當地的朋友，只是我壓根兒沒想過要這麼做。到底哪一個才是真正的我啊？我內向怕生的性格，該不會是假的吧？

跟以往搬家離開時不同，在橫濱廣結善緣的我，沒想到有一天會搬離這裡。

站在十字路口與阿鐵道別時，我不斷向他道謝，差點就要跪拜了。

「謝謝你借我書。改天再去你的新公司玩喔。」

「我也會快點回來找你們玩的！改天見囉！！」

在由橘轉紫的夜空下，我朝著橫濱車站大步前進。

---

2 每個人各自帶食材來，在黑暗中煮成火鍋的一種遊戲。

入住新大樓的搬家工作結束時，天色也全黑了。我把馬上要用到的日用品從箱子裡拿出來，接好電視，勉強清出一個空間，至少今晚能有地方睡覺。大致打理好已經是晚上十一點多，我覺得肚子餓了，於是只拎著錢包，走上陌生的夜路。我完全不知道這裡有些什麼呀！我忍不住笑了出來。

走過小橋，晃呀晃地來到大街上，有一家沒聽過的家庭餐廳孤伶伶地佇立著。確認營業時間後，我走了進去。

已經這麼晚了，還是有情侶、好幾群學生在這裡開心地吃飯、聊天。點完餐之後，我看向窗外。幾輛漆著不熟悉的顏色、空蕩蕩的巴士，從我眼前駛過。我搬到一個新的地方了。

我開始想像：今後我就要搭乘這些巴士，展開新生活了呢。

深夜的家庭餐廳像一艘宇宙船，無論你懷著什麼樣的心情，它總是溫柔地載運著你，在夜空中遨遊。

一年前的那天，因為沒有落腳之處，我絕望地待在家庭餐廳，心想這世上再也沒有快樂的事了。緊握住顫抖的手，探頭望著大河的我，跌了一跤，就這麼隨著洪流漂呀漂、漂呀漂，回過神時，已經被載送到這裡了。以前的我身在何處，再也記不起來。人家都說，女人最捨得拋棄過往，我想自己的確是如此吧？想起從前的那段婚姻，我已經不再傷感落淚，總有一天，我也會將這特別、寶貴的一年發生的事，全都遺忘了吧？

這種急速奔馳的感覺，就是我還活著的證明嗎？倘若如此，那還真是悲傷。在人的一生中，即便只是一剎那，究竟需要多麼強大的願力，才能讓這一剎那永遠停留在自己身上？

「讓您久等了。」送上桌的餐點，打斷了我不斷湧現的思緒。剛做好的菜餚，迷人的香氣俘虜了我的鼻。

今天起，似乎又有什麼開始蠢蠢欲動著，想必這股力量往後還是會載運著我，漂流到某處吧？

那麼，就讓我瞧瞧，你能把我帶到哪裡去。能去多遠，就去多遠。

後記

用書本串起心靈相繫的美好循環

這本書的內容，是由我在「WEBmagazine溫度」網站所發表的連載文章集結而成。

連載才剛在這個網站發表，就立刻獲得了廣大迴響。原先只是想著，既然有幾十個熟人覺得我的文章有趣，我就隨性寫寫，會有這樣的發展真是出乎意料。

見到自己的推文不斷被轉發，次數節節高升，我內心的驚訝遠遠超過了喜悅，腦中一片混亂。兩天之後，等到混亂沈澱下來了，我才終於感受到欣喜的情緒。

有那麼多陌生人讀了我的文章、轉發我的推文，還特地在自己的個人動態寫上了「好有趣」、「好想繼續看下去」。我寫的文章，竟然能夠觸動他們的內心。

我簡直不敢相信，實在太令人開心了！每每一想到這兒，我就忍不住躲在棉被裡手舞足蹈。

在之前被錄用的複合式大型書店工作了幾年後，我再度辭職，開始在東京東郊某個老街區的小書店擔任店長。

比起大型書店，經營小書店可以有更充裕的時間，盡情和客人交流。在這家書店為客人推薦書，顯然是從我在X網站的作法延伸而來，唯一不同的是，客人必須付錢把書買下。而更令人高興的是，可以藉此與客人建立持續的關係。

「之前你推薦給我的那本書，真是太好看了！」

有的客人會再度來到店裡，興奮地這樣對我說。多聊幾次之後，漸漸就能抓住客人的喜好，即使對方沒開口，我也會主動幫忙留意：

「下次要推出的新書，〇〇小姐應該會喜歡，先幫她訂一本吧！」

「下禮拜〇〇先生應該又會來，要推薦什麼書給他呢？這本似乎不錯喔。」

一開始，客人只是不認得的陌生人，慢慢熟識之後，與對方逐漸深交，也是這份工作最令人欣慰的地方。相對地，「花田小姐看過這本書嗎？我覺得你會喜歡喔！」像這樣向我推薦書的客人，也越來越多了。

對於開書店，我並沒有堅持非要做哪些事，但是就結果看來，比起四年前，我更加喜歡「為大家推薦書」這份工作了。

在這樣的日常裡，除了自己寫的文章意外地引發熱烈反應，我的生活幾乎就只有淡然與平和。

網路文章連載了一段時間，某個秋天的週日，我正坐在店裡的收銀台旁工作，有一位看來跟我差不多年紀的女顧客，出聲叫我。

「今天，我看了您在推特上寫的交友網站連載文章，就很想來見您。是不是能請您幫我推薦一些書……」她說。

原來，消息經過推特散布，還會造成這樣的效應啊……

我一邊想著，同時問了對方：

「是這樣啊，謝謝您看了我的文章。請問您想看什麼樣的書呢？」

對方沈默著，沒有回答。

咦？這個人有點怪怪的？還是她正在思考？

我看著她，只見她欲言又止，打算開口時，眼淚卻先滾了下來。我於是靜靜地等待。

她輕輕哭著，好不容易開口說出：

「我母親，前幾天，過世了……所以我，很想……看一些書。」

聽她的聲音，應該是這樣說沒錯。

在這種時候，我不能跟著她的眼淚一起搖擺浮動，才能讓對方安下心來。這是從事教練式輔導工作的由佳里小姐，讓我實際體驗、並因而學到的方法。為了幫助對方冷靜，我帶著她來到書架旁。

「可以推薦的書有很多呢……您平常都閱讀哪一類的書？您經常看書嗎？」

「我不是很常看書……太厚或太難的書，我應該是沒辦法讀。」

「好的。那麼，我再請問，您看書是希望得到什麼樣的感受呢……」

我先取下散文作家益田米莉[1]的《今日的人生》，讓她看了封面。

我告訴她：「想要緩和痛苦的情緒，暫時遠離悲傷，給自己一點喘息空間，我會建議您看看這本。這本書並不是要您強顏歡笑，假裝自己不再痛苦，而是因為內容恰好是作者描述父親過世的事，我想您應該能從中找到一些共鳴。書中主要是想傳達，即使內心動盪不安、即使脆弱無力，這樣的自己還是值得肯定，讓人可以繼續勇敢地向前走去。」

接著，我又從另一座書架上拿起作家山崎ナオコーラ（Yamazaki Naocola）的《美麗的距離》，再從倉庫的抽屜裡取出漫畫家上野顯太郎的《還沒說再見》，遞給對方之後再繼續說：

「若是您想要好好面對當下的悲傷，我覺得這一本……《美麗的距離》還不錯。這部小說是以年輕妻子罹患癌症、一肩扛起照護工作的男人為主角……這不是一個以美談佳話感動人心的故事，而是述說主角如何靜靜面對日常的生活、生病的妻子和自己變動的心境。書中從妻子住院到過世後的葬禮等，全都鉅細靡遺地描述，當中有些情節可能與您的境遇相近，或許會讓您因此大哭幾回，但我想相對地，也能幫助您消化一些情緒。

「或者，您若想更進一步地終結悲傷，這本《還沒說再見》真的很適合。這本雖然是漫畫，畫風也偏男性化，只要您不排斥的話……書中主角的太太因為生病，突然在自家過世了，而故事描繪的就是主角在太太過世後經歷的生活。幾乎無法承受的悲傷、瞬間變調的一切日常，全都一五一十地呈現，令人不勝唏噓。失去心愛的人竟會心碎到這等境界，內心的苦痛與哀傷，令人感同身受。」

對方似乎停止了哭泣，側耳聆聽著我說話。

「您可以翻翻這些書，瀏覽一下內容，看看有沒有您喜歡的。」

她點了點頭，開始看這些書。我於是讓她一個人待著，自己先回到收銀台。

一會兒之後，她拿到收銀台的是《美麗的距離》和《還沒說再見》。從她選了這兩本書，可以看出她是抱著何種心情來找書的，我的眼淚也差點掉了下來。

1 此為中文譯本所用譯名，原文為益田ミリ（Masuda Miri）。

她不想忘記，也不要只是喘口氣圖個輕鬆。她想徹底面對所有的悲傷，將它們探個詳細，所以才來這裡找書啊。

為人推薦書，總會在無意間碰觸到對方的內心深處——強烈的情感，震撼的事件，或是痛苦往事留下的心靈創傷，糾纏不散的情結或自卑感，對人生造成強烈衝擊的失落體驗……

在這種時候，我會讓自己保持平常心，真誠以待。不驚慌，也不過度反應，只是耐心守候，等著對方沈澱、接納。

總之，最慶幸的就是對方能找到喜歡的書。接下來就是現實問題了——看看這本書是否還有存貨。

當時，《今日的人生》才剛出版沒多久，店裡賣得很好，經常進貨，無需擔心缺貨。《美麗的距離》已經出版一年以上，算是有點舊的文藝書，買的人不多，所以只會進貨一本。我記得前陣子好像賣掉一本了，難道當時我有補貨？我的記性真是不可靠啊。《還沒說再見》是我很喜歡的書，書店剛開幕時，我曾經擺在架上，但實在乏人問津，加上與其他書顯得格格不入，我便把它收進倉庫，結果竟然忘記退貨了……和X網站的狀況不同，此刻在現場要是沒有這些書，就毫無意義了。因此當我找到這兩本書時，內心真是大大鬆了一口氣。

對方站在收銀台前結帳，同時向我道謝。這時我突然沒來由地問了一句：

「您該不會是從很遠的地方來吧？」

「我從新瀉過來的。」對方說。

我頓時覺得天旋地轉。

能夠像這樣，為素昧平生的某個人助上一臂之力，真是再幸福不過的事了。

當然，我也不見得一直都能回應每個人的期待。單憑著滿腔熱血想要助人，很難在對方身上造成具體的作用。就算很想對那些內心痛苦的人說：「希望你早日振作起來」或是「往後會後來越好的」，根本就開不了口啊。更何況對方還是個陌生人。

但是透過書，我可以在沒有壓力的狀態下，和這些陌生人進行心靈上的交流。若不是以推薦書為名，我想對方絕不會把自己最重要的私密心事向我傾訴，我也不可能為了對方失去母親而傷心落淚，不可能知道她其實是想好好面對悲傷，而有機會在背後推她一把。

所以，我好喜歡書啊。能夠為大家推薦書的書店工作，我也好喜歡。

不過，這些純粹是我個人有如無頭蒼蠅般冒險犯難的往事，想不到竟然可以集結成書、出版，實在是始料未及啊。

咦……？

也就是說……不，雖然可能性很小，但也不無機會。或許有一天，我的這本書也會由某個人推薦給另外一個人呢。然後就這樣一個推薦一個，無限循環……

應該是不至於吧，但若真如此，那就太棒了，不斷循環哪。

如果哪一天真的發生這樣的事，我絕對會非常，非常開心。

推薦書目

註：以下書目以本書之中文譯名列出，並以括號加註原文和繁體中文版出版資訊；參考基準為截至二〇一九年十二月為止的最新資料。

第1章

樋口毅宏《再見雜司谷》（樋口毅宏『さらば雑司ヶ谷』，新潮文庫）

樋口毅宏《日本之性》（樋口毅宏『日本のセックス』，双葉文庫）

大宮エリー《「想要讓你知道」個展全貌》（大宮エリー『思いを伝えるということ展のすべて』，FOIL）

茨木のり子《女人的話語》（茨木のり子『おんなのことば』，童話屋の詩文庫）

小林昌平、山本周嗣、水野敬也《受歡迎的技巧》（小林昌平・山本周嗣・水野敬也『ウケる技術』，新潮文庫）

江弘毅《邁向Meets之路——「在地雜誌」的時代》（江弘毅『ミーツへの道「街的雑誌」の時代』，本の雑誌社）

第 2 章

穂村弘《差不多該回家了》（穂村弘『もうおうちへかえりましょう』，小学館文庫）

ワクサカソウヘイ《國中生有咖啡牛奶就超嗨》（ワクサカソウヘイ『中学生はコーヒー牛乳でテンション上がる』，情報センター出版局）

平野啓一郎《我是什麼——從「個人」到「分人」》（平野啓一郎『私とは何か——「個人」から「分人」へ』，講談社現代新書）

本秀康《Wild Mountain》（本秀康『ワイルドマウンテン』，IKKI COMICS）

木下晉也《安打生活》（木下晋也『ポテン生活』，Morning KC）

速水健朗《都市、消費、迪士尼之夢》（速水健朗『都市と消費とディズニーの夢』，角川 one テーマ 21）

第 3 章

雷蒙・夢果《不上班的生活》（Raymond Mungo, *Cosmic Profit: How to Make Money Without Doing Time*, Little, Brown）

西村佳哲《創造自己的工作》（西村佳哲『自分の仕事を作る』，ちくま文庫）

坂口恭平《第一次自己建國就上手》（坂口恭平『独立国家のつくりかた』，講談社現代新書；繁體中文版由時報出版發行）

イケダハヤト《年收入一百五十萬，我們就能活得自由》（イケダハヤト『年収一五〇万円で僕らは自由に生き

ていく』，星海社新書）
古市憲壽《絕望之國的幸福青年》（古市憲寿『絶望の国の幸福な若者たち』，講談社＋α文庫）
強・克拉庫爾《阿拉斯加之死》（Jon Krakauer, *Into the Wild*, Anchor Books; 繁體中文版由天下文化發行）
李察・巴哈《夢幻飛行》（Richard Bach, *Illusions: The Adventures of a Reluctant Messiah*, Gardners Books）
詹姆斯・克拉維爾《兒童故事》（James Clavell, *The Children's Story: A Collection of Stories*, Dell）
アルテイシア《口無遮攔的 Girl's Talk》（アルテイシア『もろだしガールズトーク　アラサー流　愛とエロと女磨き』，Bellsystem 24）
藤子・F・不二雄《外星毛查查》（藤子・F・不二雄『モジャ公』，小学館）
伊藤比呂美、枝元なほみ《吃了什麼？》（伊藤比呂美＋枝元なほみ『なにたべた？伊藤比呂美＋枝元なほみ往復書簡』，中公文庫）

第 4 章

傑克・凱魯亞克《在路上》（Jack Kerouac, *On the Road*, Penguin Classics; 繁體中文版由漫遊者文化發行）
山田ズーニー《成人的小論文教室》（山田ズーニー『おとなの小論文教室』，河出文庫）
水野敬也《如何成為「美女與野獸」中的野獸》（水野敬也『「美女與野獣」の野獣になる方法』，文春文庫）
秋山喬治《被捨棄的人們》（ジョージ秋山『捨てがたき人々』，幻冬舎文庫）

第5章

澤木耕太郎《深夜特急》（沢木耕太郎『深夜特急』，新潮文庫；繁體中文版由馬可孛羅文化發行）

第6章

新井英樹《從宮本到你》（新井英樹『宮本から君へ』，Morning KC）

澀谷直角《在咖啡館裡翻唱 J-POP 風格的巴薩諾瓦歌曲女子的一生》（渋谷直角『カフェでよくかかっているJ-POP のボサノヴァカバーを歌う女の一生』，扶桑社）

せきしろ、又吉直樹《沒有炸牡蠣就不來了》（せきしろ×又吉直樹『カキフライが無いなら来なかった』，幻冬舎文庫）

第7章

拉塔悟特《觀光》（Rattawut Lapcharoensap, *Sightseeing*, Atlantic Books）

會田誠《青春與變態》（会田誠『青春と変態』，ちくま文庫）

笹井宏之《解放永恆的力量》（笹井宏之『えーえんとくちから』，ちくま文庫）

craft ebbing 商會《白雲收集者》（クラフト・エヴィング商會『クラウド・コレクター』，筑摩書房）

尼爾・唐納・沃許《與神對話》（Neale Donald Walsch, *Conversations With God*, Hodder & Stoughton; 繁體中文版由方智出版發行）

尾崎翠《第七官界彷徨》（尾崎翠『第七官界彷徨』，河出文庫）

栗口有起《小裁縫師照美》（栗口有起『お縫い子テルミー』，集英社文庫）

森見登美彥《春宵苦短，少女前進吧！》（森見登美彥『夜は短し歩けよ乙女』，角川文庫；繁體中文版由麥田出版發行）

村上龍《69》（村上龍『69』，集英社文庫；繁體中文版由大田出版發行）

東野圭吾《當年，我們就是一群蠢蛋！》（東野圭吾『あの頃ぼくらはアホでした』，集英社文庫；繁體中文版由三采文化發行）

柏拉圖《饗宴篇》（Plato, *The Symposium*, Penguin Classics）

西加奈子《白色印記》（西加奈子『白いしるし』，新潮文庫）

武田百合子《富士日記》（武田百合子『富士日記』，中公文庫）

莎岡《日安憂鬱》（Françoise Sagan, *Bonjour Tristesse*, Penguin Books）

谷川史子《積極——愛之歌》（谷川史子『積極 愛のうた』，Queen's Comics；繁體中文版由長鴻出版社發行）

傑克·凱琛《鄰家女孩》（Jack Ketchum, *The Girl Next Door*, 47North）

車谷長吉《赤目四十八瀧心中未遂》（車谷長吉『赤目四十八瀧心中未遂』，文春文庫）

野崎まど《2》（野崎まど『2』，Mediaworks文庫；繁體中文版由台灣角川發行）

石黑一雄《別讓我走》（Kazuo Ishiguro, *Never Let Me Go*, Vintage Books; 繁體中文版由商周出版發行）

大森望《NOVA》（大森望『NOVA』，河出文庫）

羅貝托·博拉紐《2666》（Roberto Bolaño, *2666*, Picador）

後記

益田米莉《今日的人生》（益田ミリ《今日の人生》，ミシマ社）
山崎ナオコーラ《美麗的距離》（山崎ナオコーラ『美し距離』，文藝春秋）
上野顯太郎《還沒說再見》（上野顕太郎『さよならも言わずに』，Beam Comics）

Soulmate 06

我想爲你推薦一本書

———沒錯，這就是我最喜歡做的事

作者 —— 花田菜菜子
譯者 —— 陳怡君

責任編輯 —— 郭玢玢
協力編輯 —— 林祐萱
封面插畫 —— KIDISLAND・兒童島
美術設計 —— 季曉彤
選書企劃 —— 楊詠婷

總編輯 —— 郭玢玢
社長 —— 郭重興
發行人兼出版總監 —— 曾大福
出版 —— 仲間出版／遠足文化事業股份有限公司
發行 —— 遠足文化事業股份有限公司
地址 —— 231 新北市新店區民權路 108-1 號 8 樓
電話 ——（02）2218-1417
傳真 ——（02）8667-2166
客服專線 —— 0800-221-029
電子信箱 —— service@bookrep.com.tw
網站 —— www.bookrep.com.tw
劃撥帳號 —— 19504465 遠足文化事業股份有限公司

印製 —— 通南彩印股份有限公司
法律顧問 —— 華洋法律事務所 蘇文生律師

定價 —— 350 元
初版一刷 —— 2019 年 12 月
初版三刷 —— 2023 年 1 月

國家圖書館出版品預行編目（CIP）資料

我想為你推薦一本書
——沒錯，這就是我最喜歡做的事

花田菜菜子著；陳怡君譯／
-- 初版. -- 新北市：仲間出版：遠足文化發行，
2019.12　面； 公分. --（Soulmate：6）
ISBN 978-986-96457-9-9（平裝）

1. 自我實現 2. 閱讀

177.2　108019363